倉本　香
沼田千恵
上田章子
岡村優生
蓮尾浩之
阪本恭子
森田美芽
著

倫理のノート

ethics

萌書房

は じ め に

　倫理や道徳の問題について考える、とはどういうことでしょうか。どうして困っている人を助けなければならないのか、どうして他人を尊重しなければならないのか、どうして怠惰な生活を送ることはいけないのかなど、当たり前のように「○○するのはいいこと」「○○はいけないこと」と頭の中に入っているはずの道徳的・倫理的判断の、正しさの根拠について立ち入って考えてみたことはあるでしょうか。何よりもまず、そもそもこれらの当たり前とされる判断を私たちはどのようにして身につけてきたのでしょうか。

　自由と道徳が密接に関係していることを論じた哲学者にカント（1724-1804）がいます。カントは、自分自身でものを考えようとしない状態にある人のことを「未成年」と呼び、そのような人は実は不自由な状態であると言いました。カントは『啓蒙とは何か』で次のように述べています。未成年状態にある人は、他人の指導がなければ自分の理性を使うことができない。私に代わって正しいことを示してくれる教師や書物、私に代わって養生の仕方を指示してくれる医師などの後見人がいれば、私は敢えて自分から考えてみるということを必要としないのでまったくもって気楽だ。「自分で考えてみる」ということはなかなか厄介なので大多数の人は未成年状態から抜け出そうとはしないのだ。また、後見人の立場にある人も同じく厄介で、未成年はいつまでたっても自分たちの監督が必要だと思い込み、彼らが自分で考えようとするならすぐさまそれは危険な行為だと言ってやめさせたり、時には見せしめにしたり等、彼らに気おくれを起こさせるようにし向けたりするのだ。様々な制度も手伝って、未成年は自分の理性を正しく使用できない不自由な状態にあるが、自分自身の精神を自分で訓練して自由に理性を使用するようにならなければならない、それは人間としてすべきことなのだ、と。

　文部科学省が告示している『学習指導要領』によれば、現在日本では、義務教育段階の小・中学校だけでなく高等学校も含めて、学校教育全体を通して道徳教育を行う、ということになっています。困っている人を助けるべきだ、他人を尊重すべきだ、怠惰な生活を送ることはいけないなど、様々な道徳的価値や判断について、実際には効果的であったかどうかは人により異なるでしょうが、多くの人が学校教育の中で教えられてきたことでしょう。つまり道徳的価値や判断の多くは、あくまで形式としてではありますが、学校の教師という後見人が私たちに「正しいこと」として提示するという制度上のあり方によって一定の根拠を保っていると説明することは可能です。そしてなぜこのようになっているかと言えば、学校で教えられる道徳的価値や判断は、実際に社会の中で守られているかどうかは別としても多くの人が首肯するような判断であり、それを知っていることは社会の中で生きていくために必要とされることだからです。しかしここには原因と結果の循環があるのではないでしょうか。つまり、学校で教えられることは社会で多くの人に認識される判断だから「正しい」の

i

だ、では社会でなぜ多くの人に「正しい」と認識されているかと言えば、それは学校で教えられるからだ、という循環です。この状態では、「学校の教師」と「社会」がともにお互いの「後見人」のような役割を果たしていて、それ以上さらに根源的に「なぜその道徳的判断が正しいのか」ということを問える余地がありません。このことからも分かる通り、私たちが今まで身につけてきた道徳的な判断について、それらの是非や根拠について敢えて問うてみること、それは後見人から離れて「自分で考えてみよう」とすること、つまり道徳的判断について未成年状態から脱して自分の理性を使って自由に考えてみることに他なりません。しかしそれはもしかしたら自分が今まで常識として身につけてきたと思っている道徳的判断を覆すことにつながるかもしれませんが、人間に与えられた「自由にものを考える力」を使用せずにいることは、「自由」そのものを蔑ろにすることであり、したがって最終的には人間が自由であるからこそ成立する道徳や倫理に関わる問いを封じ込め、人間の行為の意味を問うことを不可能にしていくことにつながっていくのではないでしょうか。

　本書は以上のような意図の下で企画されました。現在学校の道徳教育で教えるとされているいくつかの道徳的価値や判断について、その意味や根拠についてより深く考察することを手助けすることができるような内容になっています。全体は大きく七つの章に分かれていますが、それぞれの章では皆さんにとってすでに常識的な道徳的判断となっているであろう事柄をテーマとして立てています。さらに各章は大きく分けて四つの部分で構成されています。最初に、通常の道徳的判断を自分はどの程度日常生活で意識しているのか、実行しているのかについて自問し整理する段階（①）、続いて、その判断に関する様々な観点からの考察を行う段階（②、③）、次に、自分が当然のことのように思っていた道徳的判断には矛盾や別の意味があるのではないかという気づきへと向かう段階（④、⑤）、最後にテーマに関するコラムとして倫理学の豆知識も学べるような入門者向けのやさしい文章があります。当たり前のことを当たり前と思わず少し疑ってみる、考えてみる、そしてその先に自分自身で「問いを立てて」、「さらに自分で考えてみる」、このことを繰り返し行うことができるように本書はワークシートの形式にしました。興味のあるテーマからでも、最初から順番にでも好きなように使ってもらえるよう各章は独立していますが、全体の傾向としては終わりに行くほど内容は難しくなり、最終章は全体を踏まえた内容になっています。

　本書は、大学の一般教養の哲学・倫理学、思想系の授業でテキストとして使用できるように作成しましたが、他には教職につきたいと考えている人にも使ってもらうことを特に念頭に置いています。学校の教師という道徳の「後見人」には、立場上、形式的にも言わなければならないこと、教えなければならないことはたくさんありますが、そのような立場上語ってしまう通常の道徳的価値や判断とは別個に、自分自身の理性を使って自由に道徳の問題について是非とも考えておいて欲しいからです。しかしこのことによって矛盾に気づいたり、今まで気づかなかった問題に新たに気づいてしまい、解答が得られず釈然としない思いを抱えることになるかもしれません。にもかかわらず、道徳の問題について考え続けることは最終的には「自分はどのように生きたいか」「どのような世界で生きたいか」というより深い

次元の問いに逢着するはずです。そしてそれは皆さんが自分の人生を自分で面倒を見ることができるという自由を手に入れることでもあるのです。本書がそのようなより深い次元の問いを拓く最初の一歩となることを願っています。

2014年10月

執筆者を代表して　倉　本　　香

目　　次

はじめに

1. 望ましい生活習慣を身につけるべきである ……………………………………… 3

　　コラム 「健康」幻想とダイエット(8)／善行も訓練次第？——アリストテレス
　　　　　　(10)

2. 目標に向けて努力し続けることはよいことである ……………………………… 11

　　コラム 努力した者は絶望を知る(18)／努力という価値——体育、部活動から考え
　　　　　　る(20)

3. 人は互いに気遣う／助け合うべきである ………………………………………… 21

　　コラム 子どもとともに(29)／マイノリティとマジョリティ(30)／決意と責
　　　　　　任——ハイデガー(32)

4. コミュニケーションをとることはよいことである ……………………………… 33

　　コラム 友だち地獄(40)／不可能な愛——マルグリット・デュラス(42)／私にと
　　　　　　って一番確実なものは？——デカルト(44)

5. 人と信頼関係を築くことはよいことである ……………………………………… 45

　　コラム ドメスティックバイオレンス(52)／信頼から共存へ——ルソー(54)／
　　　　　　他者の言葉——ジャック・デリダ(56)

6. 社会の一員としての責任を果たすべきである …………………………………… 59

　　コラム 誰のための善？——プラトン(66)／社会の幸福か、個人の幸福か？——
　　　　　　功利主義(67)／『おそれとおののき』から考える"個人と社会"——キェ
　　　　　　ルケゴール(68)／真の平等とは？——ロールズ(70)

7. 主体的に生きるのはよいことである① …………………………………………… 71

8. 主体的に生きるのはよいことである② …………………………………………… 77

| コラム | 自由は不自由？──サルトル(82) ／主体をめぐって──実存主義、構造主義、ポスト構造主義(84) ／主体性のかげりと本当の自分──シモーヌ・ヴェイユ(86) ／自由と責任の問題──「責任を引き受ける」とはどういうことか(88) ／人間はどのような意味で自由と言えるのか──カント(89) |

*

参考文献　　91

おわりに──皆さんに伝えたかったこと　　95

倫理のノート

1. 望ましい生活習慣を身につけるべきである

①：次の日常生活上の行為を、一般的な生活習慣として望ましいと言えるもの、望ましくないと言えるもの、どちらでもないと言えるものに分類しましょう。また、そのように分類した理由も書きましょう。

朝食をとる、間食をする、栄養やバランスに気をつけて食事をする、偏食、ながら食い、
外食、飲酒、コーヒーを飲む、喫煙、早起き、夜更かし、不規則な睡眠時間、
ランニング、ラジオ体操、犬の散歩、貯金、釣りに行く、読書、ゲーム、まんがを読む、
音楽鑑賞、映画鑑賞、テレビを観る、ショッピング、パソコン、長電話、旅行、
予習や復習、アルバイト、ボランティア、身の回りの整理整頓、家事をする

その他 （　　　　　　　　　　　　　　　　　　　　　　　　　　　　　）

〈望ましいもの〉

〈理由〉
（　　　　　　　　　　　　　　　　　　　　　　　　　　　　　）

〈どちらでもないもの〉

〈理由〉
（　　　　　　　　　　　　　　　　　　　　　　　　　　　　　）

〈望ましくないもの〉

〈理由〉
（　　　　　　　　　　　　　　　　　　　　　　　　　　　　　）

②−1：あなたの一週間を振り返って、最も活動的だった日と最も活動的ではなかった日を書いて下さい。またその中で、習慣化しているものを書き出してみましょう。

〈最も活動的だった日〉

〈最も活動的ではなかった日〉

〈習慣化していること〉

②−2：あなたの生活習慣の中で、過度・過剰になっていると思うものはありますか。それを書き出してみましょう。

③-1：次のA〜Eさんの生活の様子を見て、その人の特徴や立場の違いが、よく現れている箇所に線を引きましょう。

A：毎日、早起きをしてランニング、夜は犬の散歩。もちろん通学は自転車。食事も内容を考えて決めるね。三食食べるのは当然だよ。朝を食べないっていうのは考えられないな。大学の課題も完璧にこなしているし、サークルも充実しているよ。サークルがない日はボランティアにも行っているしね。

B：釣りが大好きで、生活の中心は釣りです。授業にはある程度行って、課題も適当にこなしています。終わってからはアルバイトへ行きます。アルバイトで貯めたお金は、趣味の釣りに使います。釣りをしている時間が一番充実しているので、釣りのない生活なんて考えられませんね。

C：とにかくバスケットボール中心の生活です。毎日、朝から夜まで練習をしています。練習をかかしたことはありません。常に上を目指して努力した結果、大きな大会で優勝もしました。休みの日にも練習試合へ行くので、勉強やアルバイトをする時間はないですね。家事もしませんね。

D：毎日、午前中の授業に間に合うように大学へ行きます。朝ご飯は基本的には食べますが、寝坊して食べないこともあります。大学が終わってからは、アルバイトに行き、アルバイトがない日は友達と遊びます。夜はテレビを観たりして、早めに就寝します。実家なので、普段は家事をしませんが、休みの日ぐらいは手伝いもします。

E：早寝早起き、食事、運動など基本的な生活習慣にはいつも気を配るようにしています。勉強も自分なりに真面目にやっているつもりです。サークルやボランティアもしています。でも、最近自分の生活は普通すぎていまいちな気がして、あまり楽しく過ごせない。もっとよくできるのではないかと考えたりもします。

---

③-2：A〜Eさんの中で、一番望ましい人と一番望ましくない人を選び、その理由を書いて下さい。

一番望ましい人は（　　　　　　　　　）さん

〈理由〉

一番望ましくない人は（　　　　　　　　　）さん

〈理由〉

1. 望ましい生活習慣を身につけるべきである

④：先ほどのＡ～Ｅさんが、生活の様子について話しをしています。下線部分の空欄に入る
　と思う言葉を考えてみましょう。

〈Ｄさんへのコメント〉
　Ｃ：いろいろうまくやっているようだけど、もっと熱心に何か一つのことに打ち込んだ方
　　がいいよ。そうすれば生活にメリハリがつくんじゃないかな。
　Ａ：全然ダメ。朝から栄養のバランスに気をつけて、三食食べるのは当たり前でしょ。そ
　　れで爽やかな一日が過ごせる。それが習慣になったら特に考えることもなく毎日自然と
　　できるようになる。君だってそうならなくちゃ。
〈Ｅさんへのコメント〉
　Ｂ：結構きちんとやっているね。でも趣味とか見つけた方がいいと思うよ。趣味がないか
　　らくだらないことに悩むんだよ。僕なんか貯金ないけど、毎日楽しいよ。
　Ｄ：何が不満なの？　ちょっと暗いよ。やることやっているからいいじゃないの。そこま
　　で深く考えなくていいと思うよ。
〈Ｂさんへのコメント〉
　Ｃ：釣りが生活の中心って何それ。楽しいことやってるだけじゃない。僕はバスケを頑張
　　ることを通じて自分を成長させているんだよ。釣りでそんなことができるのかなぁ。
　Ｄ：好きなことに夢中になるのは別にいいけど、もう少し将来のこととかも考えた方がい
　　いんじゃないかな。貯金をするとかね。そうすると生活のバランスもとれるんじゃない
　　かな。
〈Ｃさんへのコメント〉
　Ａ：いくらバスケを頑張っていても、それ以外のことがおろそかになってるとしか考えら
　　れないね。人間として当たり前のことを、毎日継続して自分で当たり前にやることが一
　　番大事だよね。
　Ｅ：常に自分を高めようとしているのはすごいですね。でも、本当にバスケしか大事なこ
　　とはないのかな……。このまま死ぬまでバスケだけのために生きていくのかな……。他
　　の可能性は？
〈Ａさんへのコメント〉
　Ｅ：いろんなことを完璧にこなしていてすごい。毎日同じことを繰り返していると、自然
　　といろんなことができるようになるんですね。私みたいに反省したり、悩んだりしなさ
　　そう。自分に自信があるんですね。
　Ｂ：何でそんなに偉そうなの。一つ一つのことはいいことをやっているのかもしれないけ
　　ど、それを毎日毎日同じようにやっていて楽しいのかなぁ。何だか、Ａさんって
　　（　　　　　　　　　　　　　　　　　　　　　　　　　　　　　　　　）みたい。

6

⑤：問い

• 今のあなたはA〜Eさんの誰に近いですか。丸をつけましょう。また、その理由も書いて
下さい。

［　Aさん　／　Bさん　／　Cさん　／　Dさん　／　Eさん　／　誰でもない　］

〈理由〉

• 望ましい生活習慣をできる限り厳密に実行するとどのような人間になるでしょうか。

• よいとされる行為を日常的に生活習慣として行っている人は道徳的でしょうか。

• ワークシートをやってみて、あなたが考えたこと、疑問に思ったことなどを書いて下さい。

1.　望ましい生活習慣を身につけるべきである　　7

「健康」幻想とダイエット

　「健康的な生活」「良い生活習慣」は、多くの人が望ましい項目として挙げ、またそれに価値を置いています。昨今は「健康」ブームであり、あらゆる価値が相対化し多様化している中でも、ほとんどすべての人にとって無条件の善と考えられているようです。街のスポーツクラブにも、週末のハイキングコースにも、自治体のマラソン大会等のイベントにも、かつてない多くの人々が参加し、健康への関心の高さがうかがえます。

　その反面、若者の世代は、自らの健康に無関心なところが見られます。一部のアスリートは世界レベルの能力を維持するために、科学的にも計算されたトレーニングに励んでいますが、その一方で若い女性の大半は、学校の体育の授業以外のスポーツをほとんどしようとしません。しかし、「健康」を意識しないのかというと、そうではなく、「体重」に異様な関心を寄せているのです。2010年の厚生労働省の国民健康調査によると、日本の20代の女性の29％はBMIが18.5以下の「痩せすぎ」状態で、にもかかわらず彼女たちの大半は「自分は太っている、ダイエットしなければ」と思っています。

　ちなみに、ある女子学生たちに聞くと、生活時間の中で運動の時間を持たず、自由な時間はだらだら、ぐうたらしていると答えた者がほとんどでした。授業の時もぐったりとしています。健康には関心があると言いながら、実際に自分で健康であるための努力をする、運動をしたいという強い意志は感じられません。

　若い女性が、ダイエットする必要もないのにまだ痩せようとするのはなぜでしょう。彼女たちは、痩せることによって自分が魅力的になれるとか、服が自由に選べるとかの利点を挙げます。彼女たちにとって、「痩せている」＝健康、ではなく、「痩せている」＝美しい、が問題なのです。

　しかし客観的に見ると、「痩せている」＝美しいというのはほとんど幻想で、若いのに骨粗しょう症や更年期の症状が出たり、うつになりやすかったり、将来子どもを産む時に未熟児になりやすいなど、健康的な美しさとは逆の状態です。

　一つには、「節制と自己コントロールの幻想」があります。彼女たちは、自分が痩せていない＝美しくない、という自己像を持っています。体重管理は最も自分をコントロールしやすく、また達成感が得られ、「痩せたね」と他者の評価も得られます。しかし実際には、こうなれば美しい、愛される自分になる、という自己像は、どこまでいっても得られない「青い鳥」であることです。これは、実は、絶えず自己を節制と鍛錬に向かわせるアスリートの心理と類似するものです。

　「アスリートはたいてい疑り深く、不安にさいなまれている。成功によってほんの一

瞬消えるものの、疑いや不安がすぐに頭をもたげ、勝利への要求は以前にも増して強くなる。とはいえ、無敵のヒーローであり続けることは幻想でしかなく、いかなるチャンピオンにも負ける日が来るし、さらに、そう遠くない将来、引退する日もおとずれる」（『トップアスリート　天使と悪魔の心理学』8頁）。

　一流のアスリートの心理を見ると、成功への飽くなき意志の下には、幼い頃の自己肯定感の薄さ、そのために負けた自分を肯定できないという意識があると言われます。それに失敗すると、反社会的行動に陥ったり、逸脱行為に走ったりという危険があることが指摘されています。つまり、一見勝利や記録を求めて飽くなき精進をするアスリートの心理の中には、自分が健康で心豊かな生活をすることよりも、お金や名誉、そして自己肯定というターゲットに向かい、不健康なまでのトレーニングや節制に自分を駆り立てていく危険が潜んでいる、と言えます。

　よく摂食障害の原因に、母子の愛着関係が影響すると言われます。女性の場合、母親との間で、適切な愛情による自己肯定感が養われないと、絶えず自分に対し不安があり、周囲の期待に応えようとしたり、「こうでなければ愛されない」と自分を極端に否定的に扱ったりすることがあります。そうした自分への自信のなさは、そのまま自分の体を痛めつけるようなダイエットと、それを達成することでかろうじて自分を支えるという、明確な目標のないまま終わりのないダイエットを続けることにつながってしまいます。

　これは、中高年の健康志向においても共通するかもしれません。中高年の運動や健康志向は、自らの生活の質を保ち医療費を抑えるという明確な目的がありますが、同時に、競技それ自体の面白さを知り、そこに新たな自分の生きがいを見出すこともあります。しかしそれが、無謀な挑戦になったり、時間や情熱を過剰に集中することで逆効果となることもしばしば起こります。

　これらの共通する問題点は、「健康」あるいはそれにまつわる「体重コントロール」「スポーツの成果」が手近な目的となって、そこに他の問題が隠れていることに気づかないまま、本人がその危険を自覚しないまま、スポーツやダイエットに惑溺してしまっていることでしょう。そしてその危険は、健康を害したり、社会生活を送れなくなったりというところまで、人を追い詰める場合もあります。

　心身の「健康」や、それに至るための「自己コントロール」はあくまで手段であり、それ自体が幸福をもたらしてくれるものではないのです。そしてその根底には、自己と向き合い、欠点や足りなさを自覚しつつもそれを受け入れていく、自己との対話が必要です。「健康」のためと言えば、すべてがよしとされるような風潮ですが、もともと人間の体は完全に意志でコントロールできるものではなく、それをコントロールできるかのような誤った認識で「健康」や「節制」が語られることの方が問題と思われるのです。**（森田美芽）**

善行も訓練次第？──アリストテレス

　道徳的に優れた行いとはどのようにして実現されるのでしょうか。立派な行いとは、それを行う人が生まれつき人格的に優れているゆえに、自ずと可能になるものなのでしょうか。道徳的に優れており賞賛されるべき人について、私たちは「人徳」という言葉を用いることがあります。では立派な行いとは、優れた人間に生まれついた人にしかできないことなのでしょうか。

　道徳的視点から人間のあり方について論じる際に、忘れてはならない問題があります。それは私たちが何を目指して、物事を選択し行為するのかという問いです。この問いに対して古代ギリシャの哲学者アリストテレス（B.C.384-322）は、人間存在が目指す最終目的は幸福に他ならず、それこそが「最高善」と呼ばれる、道徳的な価値判断の基準であると考えました。しかしながらこの「最高善」は、現実世界に存在しない天上の理想的存在ではありません。それは私たちの具体的な行為によって、日常生活において実践される必要があります。つまり、私たちが道徳的に優れているかどうかは、最初から決まっているのではなく、私たちの日々の行いによって形成されていくものなのです。

　アリストテレスは人間がその働きにおいて優れていることを「徳（アレテー）」と呼んでいます。この「徳」とは、倫理的観点から言えば、よき行いが行動として反復され習慣化された状態を意味します。とはいえ、それは単なる機械的な反復ではありません。そこでは私たちがなぜそうしなければならないのか、そのためにはどうしたらいいのかを理解した上で行動するという、理性を介した働きが必要とされます。よく駅のホームで駆け込み乗車をしている人を見かけます。駆け込み乗車は、けがや電車のダイヤの乱れにつながる大変危険で迷惑な行為です。こうした行為を改めるには、まず当人がその危険性を察知し、どんなに急いでいる時でも、あわてて乗車しないように心がける必要があります。しかも一時的に改めただけでは意味がありません。急いで電車に乗りたいという誘惑に駆られた時も、常にそうした行為の危険性を念頭に置いて、自分の行動を律する必要があります。そしてこの行為を繰り返すことによって、私たちはそれがあたかも生来自分に備わっていた性質（＝天性）であるかのように、自分の意思によって正しく振る舞うことができるようになるのです。

　このようにアリストテレスの言う「徳」とは、人間が自分の行動を律することを繰り返すことにより、よき行いを反復的、恒常的に行うことができるようになった状態を指します。無論私たちは最初から何を習得したり改めたりすべきなのかを知っているわけではありませんので、正しい行いを教えてくれる人の存在が必要となります。アリストテレスによれば、それを可能にするのが社会や国家であり、私たちは家庭や学校や地域社会の中で、身につけるべきよき行いが何であるかを、学んでいくのです。**（沼田千恵）**

2. 目標に向けて努力し続けることはよいことである

①－1：あなたは今までに具体的な目標を立てて努力したことはありますか。当てはまるものに〇をつけて下さい。

（　　　）目標を立てて努力したことがある。　　　（　　　）目標を立てたことがない。
（　　　）目標を立てたが努力はしなかった。

　　　　　⬇　　　　　　　　　　　　　　　　　　　　　⬇

　　　その結果どうなりましたか？　　　　　　　それはどうしてですか？

①－2：現在のあなたの生活や勉学、課外活動などを振り返り自己評価してみましょう。

	がんばろう	もう少し	ふつう	よい	大変よい
（　　単位の取得　　）					
（　　家庭学習　　）					
（　　アルバイト　　）					
（就活、スキルアップ）					
（　部活、サークル　）					
（　社会貢献活動　）					
（　家事、家の手伝い　）					
（健康維持、体調管理）					
（　　交友関係　　）					
（　　異性関係　　）					
（　　趣味　　）					
（　　　　　　　）					

①－3：①－2を踏まえて、今の自分を自己評価してみましょう。

②－1：次のＡ〜Ｅさんの話を聞いて、その人の特徴や立場の違いが、よく現れている箇所に線を引きましょう。

Ａ：将来は食品関係の仕事に就きたいと思っている。だから、ケーキ屋さんでアルバイトをしているよ。食べ歩きブログも書いているし、フランス語の勉強もしている。いろんなことにチャレンジしようと思って、バイトで塾講師も始めた。最近は、人に何かを教えることも意外と楽しくなってきた。そっちの方が自分には向いているのかもしれないなぁ。

Ｂ：俺はビッグになる！　昔から、何かすごいことをやろうと思っていて、いろいろ考えて生きてきたんだ。今、考えているのは、選挙に出ることだね。少し先の話にはなるけど、まずは地元の市議会議員の選挙にでも出馬しようと思っている。最近の政治家は国民のことを考えてないだろ？　俺は違うよ。地域の人のための政治をやれる自信がある。その目標のために、今は本を読んだり、人の話を聞いたりしようと思っているところだね。

Ｃ：僕は就職活動中だから、就職するためにいろいろと頑張っているところなんだ。でも、業種も絞っていないので就活って何をしたらいいかよく分からないから難しいよね。とりあえず、エントリーシートとかの書類を書かないといけないから、漢字の勉強をしているよ。毎日、遅くまで勉強しているから自信はあるよ。あとは、内定をもらうためのイメージトレーニングかな。それと、体力をつけるために、ジムにも通い始めたよ。

Ｄ：将来は、中学校の教師志望。とりあえずは分かりやすい授業をすることが目標だけど、やっぱり生徒から慕われて、保護者からも信頼される先生になりたい。つまり良い教師になりたいんだけど、それってどういう存在なのかな。要するに信頼される人間になるっていうのが、私の最終目標かもしれない。でも、そのために、どんな努力をすればいいのかよく分からない……。いろいろやってはいるんだけど、それが私の最終目標に向かっているのかよく分からなくて……。何だか虚しい気分になってくる。どれだけ努力すればいいんだろう……。良い教師とは何か、信頼される人間とは何か……。

Ｅ：特に目標はないね。今やるべきことをやるだけ。将来のことが不安じゃないかと聞かれるけど、何とも思わないよ。その代わりというわけではないけど、日々やらないといけないことは、きちんとやるけどね。それでいいと思っているよ。目の前のことをひたすらこなしていくことが大切。バイトならバイト、勉強なら勉強。今、自分がしないといけないことに集中するだけだよ。

---

②－2：以下のコメントを参考にしながら、Ａ〜Ｅさんの目標と努力の関係をまとめてみましょう。

〈Ａさんへのコメント〉

Ｂ：君もいろんなことをやっているんだね。ビッグな目標は持ってるのかな？

Ｃ：もう少し目標を定めた方がいいんじゃないかな。あとは努力もした方がいい気がするな。就職ってしたいと思ってできるわけじゃないから、もっと基礎的な能力を高めるようなことをやったらいいと思うよ！

D：Aさんって、いろいろなことに挑戦してすごいと思うな。私なんて、自分の目標すら見失いそうだし、何をどう努力したらいいのかも分からないし……。教育実習に行った時には、毎日遅くまで授業のことを考えて、達成感もあったんだけどな。頑張れば頑張るほど、目標が曖昧になっちゃって……。

E：結局、Aさんが何をしたいのかは分からないけど、いろいろやっていていいんじゃないの。

〈Aさん〉

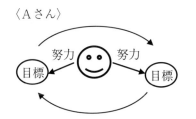

〈Bさんへのコメント〉

C：本を読んだり、人の話を聞いたりって、すごく大切だと思う。就職活動でも大切なことだから、僕もBさんみたいに頑張りたいな。

D：私もBさんみたいに、もっと大きな目標を持った方がいいのかな……。でも目標が大きくなればなるほど、結局何をすればいいのか分からなくなって、悩むようになった気もするし……。私ももっと大きな目標を考えた方がいいのかもしれないな。

A：もっと現実的に考えようよ。自分の適性を知るためにも、もっといろいろなことをやってみてから、目標を立てた方がいいよ。だいたいBさんは、ビッグになるって言うけど、そのためにどんな努力をしてるの？

E：ビッグになるって、どういうことなのか、さっぱり分からない……。

〈Bさん〉

〈Cさんへのコメント〉

A：どういう仕事をやりたいとかは具体的に考えているのかな？ 内定を目指していろいろと頑張っているっていうことは分かったんだけど……。

B：漢字の練習とかやってないで、もっとビッグな目標を持とうぜ！

2．目標に向けて努力し続けることはよいことである 13

D：ちゃんと目標につながる努力をした方がいいんじゃないかな。でも、何をすれば目標が達成できるかっていうことが結構難しいよね。それだったら、悩むよりもCさんみたいに何でもいいから努力をした方がいいのかもしれない……。

　E：僕にはジム通いとかイメージトレーニングとかが、内定に役立つとは思えないけどね。体力をつけるのもいいけど、もっと日々やるべきことを確実にこなしていった方がいいんじゃないかな。

〈Cさん〉

〈Dさんへのコメント〉

　A：目標が分からなくなってきているのかな？　私も似たようなところはあるよ。食品会社に勤めたいと思っていたけど、人に教えるのも楽しいし、Dさんみたいに教師目指すのもいいのかなぁって、今悩んでいるよ。

　C：Dさんは何も問題ないんじゃないの？　何に悩んでいるのか、よく分からないなぁ。いろんなことをやっていると、それが何の役に立つかはっきりしないこともあるかもしれないけど、どんなことでも頑張っていれば、きっと役に立つはずだよ！　だから気にしなくていいんじゃないかな。

　B：何かさ、よく分からないけど、小さいこと気にしてないでさ、もっとデカいこと考えようぜ！

　E：いや、むしろ目標がデカくなりすぎたから、達成できたかどうかの判断ができなくなっているんだろ。やろうとしていることが具体的じゃないんだから、そうなるのは当たり前だな。目の前の具体的な課題だけに集中すればいいんだよ。目標なんてあってもなくても一緒だよ。

〈Dさん〉

〈Eさんへのコメント〉
A：Eさんって達成感味わったことある？　目標を見つけて、いろいろなことにチャレンジして得られることって、たくさんあると思うよ。
B：Eさんも、ビッグな目標を持って、頑張ろうよ！
C：Eさんは目標がなくて、将来のこととか不安じゃないのかな？　やっぱり、自分がどういう人生を送りたいかは、もっと真剣に考えた方がいいよね。そして、そのために努力しないと！
D：Eさんみたいにやるべきことをやるだけって、充実感が得られないんじゃない？　努力しているわけでもないし、目標もないようなものだしね。

〈Eさん〉

 (　　　　　　　　　　　　　　)

③−1：Dさんが「虚しい気分になってくる」原因について考えてます。(　　)の中に入る言葉を埋めてみましょう。

D：目標が大きくなりすぎたから、達成できたかどうかの判断ができなくなっている……のかな。考えてみれば、私も最初は、目の前の具体的な課題に対して目標を立てて、それに向けて努力していた気がする。子どもを楽しませたいとか、分かりやすい授業をしたい、とか。でも、それを続けていくうちに、良い教師、良い教育って何だろう、そもそも良い人間って何だろうって、考えるようになっていって……。
努力すればするほど、目標が(　　　　　　　　　　　　　　　　　　　　　)
的なものになってしまったのかな……？
そんなことを考え出すと、どうやって達成すればいいか分からないし、いくら頑張っても「良い教師」とか「良い人間」になんかなれない気がしてきて……。そんな目標と今の自分を比べてみると、自分はまだまだ(　　　　　　　　　　　　　　　)な
んじゃないかな、とか、(　　　　　　　　　　　　　　　　)な人間なんだって思うようになっちゃったんだ。だから虚しい気分になるんだ。
Eさんの言うように、目標なんか考えるからいけないのかな……。何も考えずに、ただやるべきことをやればそれでいいのかな……。

2．目標に向けて努力し続けることはよいことである

③－2：Dさんが「虚しい気分になってくる」原因は何だと思いますか？

（　　　　　　　　　　　　　　　　　　　　　　　　　　　　　　　　）

目標に向けて努力し続けるということは、

　・**自己を高めて、より充実した生き方をすることであるが、**

（　　　　　　　　　　　　　　　　　　　　　　　　　　　　　　　　）

となってしまうこともある。

④：将来こうしたい、こうなりたいという目標を書いて下さい（具体的なものでも、具体的
　でないものでもよい）。また、目標を実現するために、どのような努力をすればよいと
　思いますか。

目　標	努　力
例）英語を話せるようになりたい。	例）英会話を習いに行く

⑤：問い

・今のあなたはA〜Eさんの誰に近いですか。丸をつけましょう。また、その理由も書いて
下さい。

　　[　Aさん　／　Bさん　／　Cさん　／　Dさん　／　Eさん　／　誰でもない　]

〈理由〉

・目標に向かって努力することは人生を充実させるでしょうか。

・ワークシートをやってみて、あなたが考えたこと、疑問に思ったことなどを書いて下さい。

努力した者は絶望を知る

　人生においてより高い目標を目指し、強い意志を持ってやり抜くことは尊いことだと言われます。しかしそんなことは本当に可能か、誰しも疑問に思うところがあるのではないでしょうか。あるいは、その目標自体が不可能なものである時、あるいは周囲の環境が整わないとき、どうあがいても力がたりない時、その努力はむなしいものになってしまうのでしょうか。

　アスリートの例を考えてみましょう。彼らは、目標を立ててそれをクリアすべく、日夜トレーニングを積み、努力を重ねています。しかし努力すればするほど、自分の限界というものに突き当たるわけです。どんなに努力しても、どうにも超えることのできない壁が立ちふさがるのを、遅かれ早かれ気づくのです。だからこそ、それを易々と超えていく（ように見える）才能のある人に対して敬意を払うわけですが、そのことで、彼ら自身の限界を超えるわけではありません。

　人が理想の実現を目指す時には、それと同じことが起こります。理想の実現のため努力することは素晴らしいことです。しかしそれによって、必ずしも思うように実現する、あるいは成功するわけではありません。

　理想の実現とは、しばしば同時代の人間からは理解されないものではないでしょうか。理想は自分の狭い範囲を超え、時代や場所の制約を超えて私たち自身というものを見直させることのできる力です。しかし、時代を超えた真理を自分の目標なり基準とすることは、自分の周囲の人と自分を敢えて異ならせようとすることでもあります。しばしば、天才は同時代の人からは理解されないという不幸が起こりますが、それほどでなくても、私たちが、何か時代を超えた理想を追求することは、自分以外の他者を非とし、自分の意見や立場だけを正しいものとする、という形を取ることがあります。理想を追求することは、しばしば、人から理解されないレベルに自分を追いやることであり、孤独を味わい、時には時代から迫害されることも起こってくるでしょう。例えば第2次世界大戦中に、戦争反対を叫んだ自由主義者や宗教者が投獄されたように。

　もう一歩進んで考えてみましょう。私の真実と他者の真実は異なるのが普通です。私が真実と思うことは他者にとってそうでないなら、さらには私の真実が他者にとっては不真実であるばかりか他者の真実を真っ向から否定するものであるなら、それは両立しうるでしょうか？　私が私の真実を主張することは、私にとって自身の存在の根底に関わることです。しかしそれが、私と同じくらい真剣に生きている誰かの真実を否定することになるならどうでしょうか。私も自分が命がけで見出した真実であればあるほど、簡単に妥協はできません。

つまり、私が自分の真実を主張することは、同時に他者の真実をも認め、ともにそれらを共存させるものでなければならないのです。

　こういう風に考えていくと、自己を向上させることは、単純に素晴らしいとだけは言い切れない面があります。自分の設定した目標や、真理に向かうこと、またその成果のために努力すること、自己を向上させるのは、一筋縄ではいかないわけですが、本当に成長している人は、ますます自分の未熟さを感じるだけではないでしょうか。言い換えれば、向上を目指し努力する人ほど、自らの不足や欠点をより自覚するようになるのではないでしょうか。

　さらに、個性を伸ばすことは本当に幸福と言えるでしょうか。無論、個性が認められないこと、個性を発揮できないことは苦しみであり、大きな損失でもあります。でも、個性を伸ばせと言われることは幸福な結果をもたらすとは限りません。甲子園で活躍できるほどの素質を持った高校生が、プロ野球に入って必ずしも成功せずに終わる時、私たちは彼をどう評価するでしょう。ただ、結果が出せなければ負けなのでしょうか。

　ある人の個性が社会の中で認められるほど、それは「期待」に変わり、私たちの眼差しを固定化し、その人が「期待」に外れる時に酷評して失望することはないでしょうか。例えばテレビで売り出すお笑い芸人たちは、最初彼らの個性を売り出すが、ある程度売れると客は彼らがそのパターンでなければならないかのように期待し、彼らはもはや、客の期待を良い意味で裏切る新たな表現を許されず、彼らの個性はやがて飽きられ、テレビは次の個性を求めてその関心を他に移していくのではないでしょうか。こうやって個性は商品として費消され尽くしてしまうという例を、私たちは嫌と言うほど見ています。個性を伸ばすことは、ある意味自己の生存を賭けた闘争でもあるのです。

　こうした自己をめぐる矛盾を洞察したのが、デンマークの思想家のセーレン・キェルケゴール（1813-55）という人です。彼は19世紀半ばの市民社会の中で自分を見失っていく人々を見て、本当の自分、自己であることの意味を問いかけますが、同時に、自己は自己であろうとしてかえって自己であろうとすることの困難に直面する、という事実を指摘しています。彼はそれを「絶望」と名づけます。「絶望とは、絶望して自分自身から抜け出そうとすること、あるいは絶望して自己自身であろうとすること」と彼は言います。つまり、自己自身であろうとして努力するほど、そうでない自分を突きつけられてしまう、という事実に対して、私たちは、自分の限界や矛盾を見ないふりをして過ごすか。あるいは、どうせ自分はこの程度だから、と開き直ってしまいます。どちらにしても、私たちは自分を正しい方には向けていないということになります。

　より高い自己を目指すとは、そうした自己の葛藤から逃げないことではないでしょうか。どんなに努力しても成功するとは限りません。その不条理と現実に狭間にあって、自分の現実を直視し、そこから逃げない人が、本当の意味で自己を高めたと言えるのではないでしょうか。**（森田美芽）**

努力という価値──体育、部活動から考える

　努力は何のためにするものでしょうか。一般的に、努力とは何か目標や目的があり、それを実現するためのものと考えることができます。例えば、欲しいものを買うためにアルバイトを頑張る、テストで良い点を取るために勉強を頑張る、等です。しかし、「努力すること」そのものが大事な価値を持ったものとして扱われることがあります。

　「努力すること」そのものが価値を持つもの、その典型的な例が、「体育」や「部活動」です。体育の授業で、何のためにやっているのかを理解しないまま、長時間走らされたりしたことのある経験はないでしょうか。それらには、「体を鍛える」という目的がある、と思うかもしれません。では、何のために「体を鍛える」のでしょう。速く走れるようになるためでしょうか。健康であるためでしょうか。しかし、「速い走り方」「長く走れる走り方」または「健康であるためにどのような部位をどれだけ鍛えたら良いのか」「そもそも健康とはどのような状態なのか」といったことが、きちんと体育の授業で扱われているでしょうか。体力をつけること、健康な体をつくることは大切なことかもしれませんが、体育の授業ではそのための適切な方法や、健康の意味について考えることより、とにかく苦しい経験＝努力をすること、それ自体が重要なものとして扱われているのではないでしょうか。

　また、体調不良やけがで部活動を欠席したりすると、「サボるな」「他の人は頑張っているのに」といったことを言われた経験はないですか。もちろん、部活動を休むとそれだけ体力や技術は衰えますが、それは責められることなのでしょうか。もし、その人が部活動を欠席することで「より上手になる」「試合で勝つ」といった目標から遠ざかるとしても、それは本人の不利益でしかないはずです。部活動とは、みんなで苦しい経験＝努力をするための時間であり、それが道徳的な義務のように扱われているのではないでしょうか。

　目標や目的を達成するために努力すること、それ自体は重要なことです。しかし、努力そのものが道徳的な価値を持ってしまうと、「何のために」「なぜ」といったことを考えることができなくなることがあります。自分はどんな目標を持つべきなのか、それを実現するために何が必要なのか、という問いが生まれることなく、「とにかく頑張る」「苦しいことに必死で耐える」ということが強要され、「それ自体に価値がある」「素晴らしいことだ」という感覚が共有されます。そこは、もはや教育の場ではなく、ただ「苦しみに耐える場所」として存在するでしょう。実際に、部活動と体罰の関係を対象とした調査では、その関係がある程度普遍的で構造的なものであり、また、体罰を受けた経験がある人間ほど体罰を肯定的に捉える傾向があることが指摘されています。これは、そこが「苦しみに耐える場所」として存在することを示す一つの事例かもしれません。**(蓮尾浩之)**

3. 人は互いに気遣う／助け合うべきである

①－1：あなたの日常の中で、次のような困った状況にある人に出会った場合、あなたが
「自分から気遣ってあげたい／助けてあげたいと思う人」、「頼まれれば気遣う／助ける
と思う人」、「気遣わない／助けない人」、に分類し、その理由を書いて下さい。

消しゴムを忘れた人、お弁当を忘れた人、財布を忘れた人、
携帯電話（スマートフォン）を忘れた人、友達とけんかをした人、
彼氏／彼女とけんかをした人、彼氏／彼女と別れた人、勉強が分からない人、
卒業単位が危ない人、遊びすぎて金欠になっている人、先生に怒られた人、
道に迷っている人、一人でいる人、重い荷物を持っている人、疲れている人、
一人暮らしで風邪をひいている人、けがをして松葉杖をついている人、
自転車を盗まれた人、迷子で泣いている子ども

〈自分から気遣ってあげたい（助けてあげたい）と思う人〉

〈頼まれれば気遣う（助ける）と思う人〉

〈気遣わない（助けない）人〉

〈理由〉

①－2：あなたが経験した気遣いたい／助けたいと思うような状況と、具体的にあなたがど
のように行動するかを書いて下さい。

気遣いたい（助けたい）と思うような状況	どのように行動したか／したかったか
例1）アルバイト先で仲間がミスをした。 例2）友達がけがをして入院した。	例1）話を聞いてあげる。 例2）差し入れを持って、お見舞いに行く。

①－3：あなたが気遣って／助けてもらって、嬉しかったことを書いて下さい。

誰　に	状　況	何をしてもらったか
例）お母さん	風邪をひいて寝込んでいる時	おかゆを作ってもらった

②：下の状況を読んで、以下の問いに答えて下さい。

〈状況〉
文化祭に向けて、クラスで合唱コンクールの練習をしています。練習は朝と放課後、夏休みも時々集まっています。ほとんどのクラスメイトがきちんと練習に参加し、真剣に取り組んでいますが、中には塾や部活へ行って練習に参加しなかったり、練習中にふざけて遊んでいたりする人もいます。また、真面目に取り組んでいても、人と合わせられずに、上手く歌えない人もいます。

②－1：次のA～Dさんの話を聞いて、その人の特徴や立場の違いが、よく現れている箇所に線を引きましょう。

A：最近、クラスのまとまりが悪いと思う。せっかく合唱コンクールがあるんだから、みんなで声をかけ合って、気持ちを一つにしていかないといけないよね。特に、練習にあんまり参加してない人と、練習に来ても真面目にやってない人には、もっと意識を高く持ってもらいたいよね。やっぱり合唱はクラス全員で心を一つにしないと意味がない！　みんなで助け合って、一つの輪を作ろうよ！　頑張ろっ！！

B：最近、ちょっとクラスの雰囲気微妙だよね……。合唱の練習は僕も面倒だけど、せっかくやるんだから楽しくやりたいよね。気合入っている人も、やる気ない人もいるけど……。トラブルとかけんかになるのが結局一番嫌だなぁ。それが一番面倒だしさ。いい思い出にもなると思うし、みんなで仲良くやって楽しめるといいんじゃないかな。

C：みんなで心を一つになんて無理だよ。だいたい合唱だって、やりたい人ばかりじゃなくて、学校の行事だから仕方なしにやってる人だっているんだよ。僕だって、やってもやらなくてもいいんだったら、やらないよ。歌うだけならまだいいけど、気持ちを合わせてとか、気持ち悪くてやってられないよ。それぞれに事情だってあるし、得意不得意だってあるんだから、やりたい人だけ集まってやればいいのにね。

D：みんな合唱に一生懸命取り組んでいるのは分かるから、休んでばっかりで申し訳ないなとは思うけど……。部活だって真面目にやってるわけだし……。もちろん練習がない時は、できるだけ参加するようにするよ。ただ、最近は試合前で合唱にあんまり行ってないから、行くと仲間外れにされているみたいで行きづらいんだよね。あんまり教えてくれないし……。もちろん、みんながそんなつもりじゃないっていうのは分かるんだけど……。

3. 人は互いに気遣う／助け合うべきである　23

②－2：A～Dさんはどのような考え方の人だと思いますか。

〈Aさん〉

〈Bさん〉

〈Cさん〉

〈Dさん〉

②－3：あなたはA～Dさんの誰の意見に賛同しますか？　理由も書いて下さい。

[　Aさん　／　Bさん　／　Cさん　／　Dさん　／　誰でもない　]

〈理由〉

③－1：もう少しで合唱コンクールの本番です。ある日の練習中にA～Cさんが話を始めました。空欄に入ると思う言葉を考えてみましょう。

A：もっと練習時間を増やしましょう！

（B：Aさん、また面倒くさいこと言い出したな……）

C：えー。結構、上手くなってきたからもういいじゃん。練習も十分やってるし大丈夫だよ。

A：あなたたちみたいなのがいるから、**クラスの輪**が成り立たないのよ。雰囲気悪いっていう意見もあったし。

C：じゃあ、もう出なくていいかな？　一人で練習してるよ僕は。

A：はぁ？　クラス全員でやることに意義があるんじゃない！　お互い助け合って頑張ろうって言ってるだけじゃない。

C：だから参加してるじゃん。これ以上、どうすればいいんだよ。

Ｂ：まぁまぁ落ち着いて。けんかはやめようよ！

Ａ：けんかじゃなくて話し合いよ！　Ｃさんはもっと、人のこと気遣った方がいいと思うよ。あなたみたいな人がクラスの雰囲気を悪くしているのよ。みんなの心を一つにして、助け合わないと！　**クラスの輪**が大事だと思わない？

Ｃ：僕なりにやってるさ。だから練習にも来てるんじゃないか。

Ａ：それじゃダメだよ、全然足りない。例えば、苦手な子に教えてあげるとか、休み時間に伴奏してあげるとか、練習が足りてない子の掃除当番を代わってあげるとか、そういうこと他の人はしてるんだよ。そうやってみんなで助け合うことで、クラスが一つになることが大事なんじゃないの？

Ｃ：何だよそれ……他の人のことまで知らないよ。できる人がやってあげるのはいいけど、全員に強制することじゃないだろ。何か、合唱に対する熱意まで強制されているみたいで嫌だな。

Ｂ：まぁまぁ、二人とも落ち着いてよ。合唱だから力を合わせないと上手くいかないこともあるじゃない？（Ｃ君の言うことも分かるけど、あまりＡさん怒らせるとやっかいだからなぁ……）

Ｃ：やらないといけないことはやるよ。でも、それぞれに事情もあるんだし、自分のペースで参加すればいいじゃないか。「クラスが一つに〜」とか「みんなで一つの輪になって〜」とか気持ち悪いわ。僕の心まで（　　　　　　　　　　　　　　　）して欲しくはないんだけどな。

Ａ：何のために合唱をやってるのよ。みんなで一つになるためでしょ！？　クラスでやる意味ってそこにあるんでしょ？　みんなで支え合って、助け合って。そうやって、一丸になってやるからこそいい思い出になるんじゃない。**クラスで助け合いの輪**を作るのよ。Ｃさんみたいに気遣いできない人にとってもいい経験になると思うよ。

③－２：Ａさんが考えているクラスの輪とはどのようなものだと思いますか。

③－３：部活の終わったＤさんが教室に戻って来ました。空欄に入ると思う言葉を考えてみましょう。

Ａ：遅いっ！　もう合唱の練習終わりかけよ！

3. 人は互いに気遣う／助け合うべきである

Ｄ：あっ、ごめん……。

Ｃ：部活頑張ってる中で来てくれたのに、何責めてるんだよ。気遣いが大事なんじゃなかったっけ？

Ａ：Ｄさん、合唱に協力する気ないでしょ。クラスでまとまってやってるっていうのに。

Ｄ：今日は部活が早く終わったから急いで来たんだけど……。

Ａ：せっかく、みんなで合わせて上手くなってきたのに。Ｄさん、まだ曲覚えてないでしょ。

（Ｄ：居心地悪いな……。せっかく来たのにな。みんな頑張ってるのは分かるけどさ……。）

Ｂ：まぁまぁ、ほらＤさん、こっちおいでよ！　せっかく来たんだから、一緒にやろうよ！

Ｄ：ありがとう。でも、いいのかな……？

Ａ：Ｄさん、まだ曲覚えてないんだよ？　そういう人に入られてもみんなのリズムが狂うだけなんだけどな。

Ｃ：あのさ、Ａさん、Ｄさんもクラスの一員じゃないの？

Ｂ：ちょっと、Ｃ君もういいじゃない。けんかしても仕方ないしさ、ね。（早く帰りたいし）Ｄさんはとりあえず、みんなの邪魔にならないように小さい声で歌ってもらおうっていうのはどうかな？　Ｄさんもそれでいい？

Ａ：まぁそれならいいかな。次の練習の時までにちゃんと曲覚えてきてね。でないともう本番の時には、休んでもらうからね。

Ｄ：うん、分かった。ごめんね、みんな。（何かちょっと、私、仲間外れな感じ……？）

Ｃ：A さんの言ってること矛盾してるよ。君がやってることって、練習に参加している人は

（　　　　　　　　　　　　　　　　　　　　　　　）けど、そうじゃない人は

（　　　　　　　　　　　　　　　　　　　　　　　）ってことだろ。それが輪

になるってことなの？　クラスで助け合うんじゃなかったの？　助け合いの輪になってないだろそれじゃ。

Ａ：輪を乱しているから言ってるんじゃない！

③－４：Ａさんは矛盾していると、Ｃさんが指摘しています。どのように矛盾していますか。

（
　
　
　
　
）

④：その日の練習の帰り道で、ＣさんとＤさんが今日のことについて話をしています。

Ｃ：何でＡさんはあんな感じなんだろう。クラスで一つにとか、助け合いの輪とかさぁ、無理があるよ。それぞれ都合があるし、やりたいことも違うんだからさ。Ｄさんも部活やりたいでしょ？　クラスの輪を乱そうとか思うわけじゃないけど、我慢してまでクラスに合わせることはないよ。

D：うーん、でも気持ちは分かるかな。みんなで助け合って一つになってる、その中にいると安心するよ。今はちょっとそこに入りきれてないから、申し訳ないし、少し不安かな……。

C：うーん、そういうものかぁ。でもなぁ、助け合いっていうけどAさんこそ何を助け合ってるんだろうね。今日もBさんに一方的に助けられてた気がするけど。結局さ、助け合いとか言ってるAさんにみんなが合わせてあげてるだけなんじゃないの？　だから、Aさんのためにみんなが助け合いの輪を作ってあげてるんだよ。結局、Aさんはクラスの輪っていうやつに依存してるんじゃないかな。

D：そう、なのかな……。Aさんみたいに頭ごなしに言われると、正直、嫌になるけど、Bくんが間に入ってうまく取りなしてくれるからとても助かる。Bくんがいるからうちのクラスは一つにまとまっていけるんだよね。

C：うーん……。Bくんみたいになればいいってことなのかな。僕には納得がいかないな。Aさんとβくんは、やり方が違うだけで、結局は同じことをしているように思えるんだけどな。

④－1：Cさんは下線部の発言で何を言いたいのでしょうか？　あなたはどう思いますか？

④－2：「AさんとBくんは同じことをしている」とCさんは言っています。それはどのような意味でしょうか。

3．人は互いに気遣う／助け合うべきである　27

⑤：問い

・今のあなたはA〜Eさんの誰に近いですか。丸をつけましょう。また、その理由も書いて下さい。

　　［　Aさん　／　Bさん　／　Cさん　／　Dさん　／　Eさん　／　誰でもない　］

〈理由〉

・互いに気遣う／助け合うとは、どういうことでしょうか。

・ワークシートをやってみて、あなたが考えたこと、疑問に思ったことなどを書いて下さい。

子どもとともに

『万葉集』に次のような歌があります。

　銀も　金も玉も　何せむに　勝れる宝　子に及かめやも（巻5、803　山上憶良）

　通常、「銀も金も宝石も、いったい何になるというのか。どんなにすばらしい宝も、子どもには及ばない」という意味で、当時から貴重であった金銀や宝石より大きな価値を子どもに見出す親の気持ちを詠ったものであると解釈されます。今でも金銀、宝石は高価です。では子どもの価値はどうでしょうか。現代日本の子どもに目を向けてみましょう。

　厚生労働省の統計（平成24年度）によると、現在およそ4万6000人の子どもたちが親と離れて施設（乳児院、児童養護施設）や里親の下で暮らしています。離別の理由は、虐待、親の死亡や行方不明など様々ですが、中でも多いのが虐待です。平成24年度の虐待対応件数は6万6701件で、毎年連続して過去最多を更新し、死亡に至るケースも年間50件を超えます。

　こうした社会の状況に無関心ではいられいないとして、熊本の産婦人科（慈恵病院）が「こうのとりのゆりかご」いわゆる赤ちゃんポストを設置しました。平成19年のことです。この設備の最大の特長は、子どもを預ける者の匿名性を保証することです。病院は当初、誰にも顔を見られず、名前や住所も告げずに子どもを手放さなければ生きてゆけないのは、新生児を抱えて困窮する未婚の母親であろうと予測していました。ところがこれまでの実態を検証すると、利用した理由に、世間体や戸籍の問題、不倫や養育拒否があったり、母親から相談を受けたのであろう子どもの父親や祖父母が預けに来たりもしています。匿名性の保証は、無責任な子捨てを助長するという批判を招く難点でもあります。

　子どもを育てる責任は誰にあるのでしょうか。多くの人は、親の責任だと答えるでしょう。それに対してニーチェは「人間は自分の行為や動機に対して責任がない」と述べます。人間は本質的にまったくの無責任だと言うのです。ただしそれは「大いなる無責任」と呼ばれるもので、単なる自分勝手とは違います。自分の良心に誠実になって最深の自己反省をする中で、自分の弱さと強さを見極めることです。そうして自らの行為の命令者となり、人間全体の発展のために「最も広範な責任の担い手」となれ、と呼びかけます。

　冒頭の歌は、子等を思う歌、貧窮問答の歌として知られています。その子どもは、作者の子どもだけでなく、不条理で矛盾した社会に生まれてきた子どもたちすべてを指すと解釈してみましょう。経済的貧困だけでなく、全身全霊で愛してくれる者が側にいないという精神的貧困の中、まだ自力で生きることのできない子どもたちが、世界の至るところにいます。そうした現実を、どのように受け止めればよいのでしょうか。この問いに応じる可能性（response+ability=responsibility：責任）は、私たち一人ひとりにあります。**（阪本恭子）**

マイノリティとマジョリティ

　あなたはマイノリティという言葉を知っていますか？　マイノリティとは、一般的には少数者と呼ばれる人々のことを指します。単に数が少ないというだけではなく、社会的弱者というニュアンスが含まれている言葉です。広義にマイノリティ問題と言われるものの中には、被差別部落、在日外国人、障害者などの社会的問題がありますが、ここではその中でもセクシュアルマイノリティ（性的少数者）という観点から、マイノリティとマジョリティ（多数派）の関係性について考えてみたいと思います。

　私たちの社会では様々なセクシュアルマイノリティが生活しています。性同一性障害者、同性愛者、性分化疾患の人々……。そのような人たちに対する皆さんの印象はどのようなものですか。聞いたことはあるけど詳しくは分からない、あるいは、仲良くなってみたいけど気を遣ってしまうという感じではないでしょうか。実際にセクシュアルマイノリティが身近にいる人と、あまり関わりがない人とでは、その印象も異なるかもしれません。

　セクシュアルマイノリティについて取り上げられる時、「マイノリティの立場から考える」ということがよく言われます。マイノリティは何に困っているのか、何を希望しているのか、それに対してマジョリティはどのように考え行動すればよいのか。このような観点の背後には、マジョリティはマイノリティの問題意識を自覚的に共有すべきであるという価値観が潜んでいます。それは、マイノリティがマジョリティと同じように振る舞える、つまり「違い」がない社会が望ましいという価値観に基づいた考え方であると言うこともできるでしょう。しかし、マイノリティの問題意識を共有するということは、理想として受け入れることはできても、実感として、とても難しいと感じる人が多いのではないでしょうか。

　性同一性障害[*1]を例に考えてみましょう。性同一性障害者というのは、敢えて簡潔に表現するならば「心身の性別が一致しない状態にある人々」[*2]です。ここでは、性同一性障害者と、そうではない人々（マジョリティ）の「違い」、要するに性同一性障害者の「問題意識」を知るために、性同一性障害者が日常で困っていることを少し挙げてみます。マジョリティが想像する以上に、日常には「性別」に関係する事柄がたくさんあります。例えば、トイレや更衣室、服装、化粧、恋愛などは、比較的簡単に想像できるのではないでしょうか。他には、家族や友達など身近な人との関係、学校、仕事、戸籍、治療などがあります。性同一性障害者の多くは、マジョリティが気づかないような「性別」に関する悩みを抱え、生きづらさを感じています。そしてその悩みや生きづらさに気づいてもらえないという辛さのある生活を送っています。もちろんすべての性同一性障害者が、同じ悩みを抱えているわけではなく、中には、性別のことなど意識しない生活をしている人もいますが、朝起きてから夜寝るまで、

時には夢の中でも「性別」を意識せざるをえないという人が数多くいるのも事実です。さて皆さんは、それがどのような日常であるかを想像することができるでしょうか。性同一性障害者の問題意識を共有したり、それを共有するために敢えて意識し続けたりという生活をすることができますか。おそらく多くの人は、言われたら何となく分かるけれども、それを自分で考え、実践するのは難しいと思うはずです。

　性同一性障害者とそうではない人では問題意識が異なります。マイノリティとマジョリティには「違い」があります。では、私たちはマイノリティを「違い」からしか理解することができないのでしょうか。何らかの悩みや問題意識を持っているという点では、実は両者で大きな「違い」はないと考えることはできないのでしょうか。

　マイノリティとマジョリティの「違い」というのは（特に社会的）弱者性の「違い」である、つまり両者はそもそも社会的立場が違うのだから、同じように悩んでいることや困っていることがあっても、マイノリティの問題の方が重要なのだと主張されることも多々あります。しかし、たとえマジョリティであっても、その困っている当人にとっては、それが喫緊の問題であるかもしれないし、それをマイノリティの問題意識と比較して問題ないと言い切ることはできません。そしてまた、「違い」に着目することによって、結局は「誰が一番大変なのか」という「大変さの比較」に問いが収斂してしまう可能性にも注意が必要です。さらに「違い」が分からないからといって、形式的にマイノリティに寄り添うこと——理解しているという態度は示すけれども、それが具体的な行為には結びついていないような場合——は、問題解決に結びつかないどころか、問題そのものを覆い隠してしまい、その結果、マイノリティをより困難な状況に追い込んでしまう点も考慮しておかなければならないでしょう。

　マイノリティについて考えることの意味は、一義的にはマイノリティが悩んでいたり、困っていたりすることを改善するためですが、同時に私たちの視野を広げる、という点にもあるように思います。そしてそれは、「私たちとは違いのある人々」から「直接的な問題意識は異なるけれども共通点もある人々」へと、マイノリティを身近に感じるための視点の転換にもつながるでしょう。その上で改めてマイノリティ特有の問題を考えてみることで、両者の距離を縮めることができるのではないでしょうか。**（岡村優生）**

＊1　日本精神神経学会が2014年5月に公表した「DSM-5病名・用語翻訳ガイドライン（初版）」では、「性同一性障害」は「性別違和Gender Dysphoria」に変更されています。

＊2　「性同一性障害者の性別の取扱いの特例に関する法律（2011年改正）」では、性同一性障害者とは「生物学的には性別が明らかであるにもかかわらず、心理的にはそれとは別の性別（以下「他の性別」という。）であるとの持続的な確信を持ち、かつ、自己を身体的及び社会的に他の性別に適合させようとする意思を有する者であって、そのことについてその診断を的確に行うために必要な知識及び経験を有する二人以上の医師の一般に認められている医学的知見に基づき行う診断が一致しているもの」と定義されています。

決意と責任——ハイデガー

　社会生活を営む上でよく協調性ということが言われます。学校や職場などではやみくもに自己主張することばかりが歓迎されるとは限りません。場合によっては単なる「空気の読めない人」になってしまうでしょう。支え合いということについても同様です。支え合いとは文字通り、〈持ちつ持たれつ〉の関係であって、相手に助けてもらう代わりに自分も相手を支えうるような対等の関係でなければなりません。こうした構造が成立するためには、一人ひとりが社会ないしは一定の集団の中で、均質化された存在であることが求められます。言い換えればそれは、私たちが集団の一員として匿名的であることを意味します。こうした人間のあり方について分析した哲学者としてマルチン・ハイデガー（1889-1976）の名前が挙げられます。ではこの〈匿名的〉であるとは、何を意味するのでしょうか。

　私たちは普段、集団の中に埋没して存在していることが多々あります。例えば電車の中で座席に座っている時など、私たちはことさら自分の身分や正体を明かす必要もなく、単なる〈乗客〉として行動しています。そしてたとえ傍らにいる具合が悪そうな人を置き去りにして電車を降りたとしても、その人の容態についてあなたが責任を負うことはおそらくないでしょう。

　ハイデガーはこうした人間のあり方を「ひと」と呼び、人間が自身のかけがえのない存在の仕方やそれに伴う責任の引き受けから逃避した状態であると考えています。しかしながらこれは人間の本来の姿ではありません。なぜなら私たちは自分の存在が様々な意味の連なり（なぜ大学に行くのか、なぜ勉強をするのかなど）のうちにあることを了解している存在であると言えるからです。そして人間にとっては、自分の行う様々な選択や行為について責任を負うという決意を持ってあることこそが、本来的なあり方とされるのです。

　そもそも私たちのうちには、自分の存在を主張したいという思いと、集団の中に埋もれ責任を問われることもなく気楽に生きていきたいという、両方の思いがあるのではないでしょうか。現代社会とはまさに大衆の時代であり、能率を重視する世の中の傾向は、人間を画一化・規格化する方向へと向かっています。とはいえ、私たちは自分がどのようになりうるのかという可能性から目をそらすことができません。なぜなら人間は自分のあり方を問題にする存在だからです。ハイデガーが言うように、実は人間存在の最終到達点は「死」に他なりません。これはどんな人でも同じです。私たちはこの最終地点に向かっている自分の存在を自覚することによって、現在の自分の行動の意味や責任を引き受ける決意をするのであり、その時にこそ、本来的なあり方として存在することができるのです。(沼田千恵)

4. コミュニケーションをとることはよいことである

〈一般的なコミュニケーションの定義〉

- **情報**を伝達するだけでなく、**感情**や**意志**、**思考**のやりとりや共有が行われることである。
- **言語**だけではなく、様々な**表現**を媒介にして行われるものである。

①：次の日常生活上の行為で、あなたがコミュニケーションだと思う行為に〇をつけましょう。また、その理由を書いて下さい。

会話をする、あいさつをする、人と一緒にごはんを食べる、友達と遊ぶ、
授業に出席する、隣の人に鉛筆を借りる、話し合いをする、指示を出す、雑談をする、
道ですれ違う、スポーツをする、目が合う、お礼を言う、手をつなぐ、
赤ちゃんをあやす、電話をする、メールをする、文通をする、人と一緒にゲームをする、
手話、SNS（TwitterやFacebook）をする、テレビを観る、コンサートに行く、
ペットと遊ぶ、店員に注文する、コンビニで支払いをする、接客をする、

その他（　　　　　　　　　　　　　　　　　　　　　　　　　　　　）

〈理由〉

②-1：あなたは普段、どのような人とどのようなコミュニケーションをしていますか。その中で情報伝達に〇、感情や意志のやりとりを含むものに◎、その他のものに△をしてみましょう。

コミュニケーションの相手	コミュニケーションの内容
例）彼女	例）◎手をつなぐ、〇メールをする
例）先生	例）△発表する、〇課題を提出する、◎指導を受ける。

②-2：上で△（その他）にしたコミュニケーションの定義は何でしょうか。
先ほどの〈一般的なコミュニケーションの定義〉と照らし合わせて書いて下さい。

③－1：次のＡ～Ｅさんのコミュニケーションに対する考え方を見て、その人の特徴や立場の違いが、よく現れている箇所に線を引きましょう。

Ａ：コミュニケーションは何よりも大切よ。でも、ただ情報をやりとりするだけじゃダメ。家族でも、友達でも、知らない人でも、ちゃんと相手の話を聞くこと。そう、相手を思いやらないといけないよね。相手が何を考えているか、どういう気持ちなのかを受容しないとコミュニケーションとは言えないと思う。「思いやり」の気持ちを持って、その上で相手の立場に立って、相手を理解することが大切なの。そうすれば、どんな相手とでも、きちんとコミュニケーションがとれるわ。

Ｂ：私は人と話をすることが好き。苦手な人はいないし、誰とでも仲良くできる。コミュニケーションが大切って、よく聞くけど、普通にしていればできることよね。難しく考える必要はないと思うな。だって人と話をするのって楽しいじゃない。私はどこでも誰とでも分け隔てなく接するようにしてるから、わざわざコミュニケーションについて考えたこともない！

Ｃ：その場の雰囲気を壊さないのが大事よね。ちゃんと空気を読むっていうか。今はしゃべらない方がいいとか、こうした方がいいっていうのを考えて行動できないとダメよね。たまにＫＹな（空気の読めない）発言をする人がいるでしょ。最近は、ネットでもそういう人が多くて、うまくコミュニケーションとれなくて困ることがあるな。

Ｄ：今は部活でキャプテンをしているから、意識的に部員とコミュニケーションをとるようにしているけど、みんなの意見をまとめられない時があるんだ。相手を理解しようとする僕の努力が足りないのかなぁ……。でも、部員の意見とか、自分と違う考え方とかから気づかされることも多いから、自分もどんどん成長している気もする。だから今は、「気づき」が大切だなって思う。

Ｅ：コミュニケーション！？　思いやり！？　無理無理、そんなの。だって相手の気持ちなんて分からないじゃない。どんなに仲良い人でも、その人がどんな気持ちでいるのか、何を考えているのかは、こっちが勝手に推測しているだけでしょ。本当に気持ちをやりとりして分かり合うなんて、実際には不可能に近いよ。情報の伝達はできると思うけど、思いやりの気持ちがあれば、相手の気持ちや考えを理解できるなんて無理でしょ。そんなことができると思っている人が多いことに驚くよ。

③－2：Ａ～Ｅさんのコミュニケーションに対する考え方を説明して下さい。

〈Ａさん〉

（　　　　　　　　　　　　　　　　　　　　　　　　　　　　　　　　　　　）

〈Ｂさん〉

（　　　　　　　　　　　　　　　　　　　　　　　　　　　　　　　　　　　）

〈Ｃさん〉

（　　　　　　　　　　　　　　　　　　　　　　　　　　　　　　　　　　　）

4．コミュニケーションをとることはよいことである　　35

〈Dさん〉

( )

〈Eさん〉

( )

④：Aさんが「コミュニケーションには、思いやりの気持ちが大切」と言っていることについて、A〜Eさんが話をしています。

E：みんな、コミュニケーションできると本当に思っているの？

A：信じられない。コミュニケーションできるかできないかの問題じゃなくて、自分からコミュニケーションをとろうとすることが大切なの‼

B：Aさんの言う通り。普通に話をしていればコミュニケーションになるよ。

E：聞いたり話したりするだけでコミュニケーションって言えるの？　単に相手の情報を知ることができるだけじゃないの？

C：でも、それも立派なコミュニケーションだと思うな。相手の情報がまったくないと、余計なこと言っちゃったり、トラブルになったりしやすいだろうし。

E：Cさんは、ＫＹ嫌いだったよね。

A：違う、違う。空気を読むのは当たり前なの。相手の気持ちを理解しないといいコミュニケーションにならないの。空気を読むだけじゃなくて、心から相手に共感して、相手も自分に共感してくれて、そうやって互いに心を通じ合わせることなんだよ。

D：だから、それが難しいんだよね。どうすれば相手の気持ちが分かるんだろう……。

A：Dさんには、相手への思いやりの気持ちが足りないんだと思う。もっと相手のことを思いやって、どうすればいいかを考えれば、自然に理解できるようになるよ。相手の立場に立つことから始めてみれば？

B：えー。そんなに難しいことじゃないと思うな。相手を理解するとか、思いやりとかも大事だけど、普通に接して話をすればいいんだよ、コミュニケーションなんて簡単だよ。

D：Bさんは悩まないんだ……。Aさんは思いやりが足りないから、相手のことを理解できないって言うけど、自分がコミュニケーションとれていると思っていても、もしかしたら相手はそう思ってないかもしれないから、不安なんだよね……。

A：不安になるのは、思いやりが足りないから。私みたいにいつもきちんと相手の立場に立って、相手を思いやっていれば、全然不安にはならないって！

E：それって、相手のことを理解できてるって、Aさんが思っているだけじゃないの？　どうして理解できているって分かるの？　思いやりだって、余計なお世話かもしれないし。

A：キィーーー！　私が一生懸命にあなたを理解して、いいコミュニケーションとろうと思っているのに、何よ、その態度‼

E：ほらね。全然思いやりの気持ちがないじゃない。僕の考えや気持ちを理解できてるの？

C：Eさん、もっと空気読もうよ……。

④－1：Aさんは思いやりの気持ちをもってコミュニケーションをしていると思いますか。

[　はい　／　いいえ　／　どちらでもない　]

〈理由〉

④－2：先ほどの5人が引き続き話をしています。下線部分の空欄に入ると思う言葉を考え
　　　てみましょう。

D：Eさんの話はなんか新鮮だな……。僕もAさんみたいになってるかもしれないな。

B：えっ？　どういうこと？

D：僕は、コミュニケーションをとらないといけないと思いすぎて、実は部員の本当の気持ちを無視していたのかもしれないなって思った……。相手の立場に立って理解しようと努力していたけど、それって、結局、僕の（　　　　　　　　　　　　　　　　　　）だったんじゃないかって。

E：そうだろ？　相手を尊重するのは大切かもしれないけど、人の考えてることなんて、その人にしか分からないんだよ。

D：そうだね。相手の心が見えるわけじゃないし、理解しようとすればするほど、相手のことが本当に理解するのは難しいよね。もしかしたら、相手のことを理解するのは難しいってことに気づくのが重要なのかもしれない。

A：いやいやいやいや。思いやり！　理解！　コミュニケーション！

B：私は、コミュニケーションって、そんなに難しいことじゃないと思うな。Aさんほど考えなくてもいいし、Eさんみたいに無理とも思わないけど……？

C：まぁまぁ……。

D：それに、みんなそれぞれ意見を持っているから、それをまとめるのって難しいしね。自分と異なる考え方を尊重しすぎると、結局、自分の考えが分からなくなるかもしね。やっぱりコミュニケーションってできないのかな……？　だから大事なことは（　　　　　　　　　　　　　　　　　　）っていうことだね。

（E：うーん、やっぱりコミュニケーションできてないんじゃん。みんな自分の言いたいことを言ってるだけじゃない……。）

4.　コミュニケーションをとることはよいことである　　37

④－3：Ｅさんは、先ほどの話し合いの結論に対して、まだ何か言いたいことがあるようです。

> Ｅ：何だか、みんなの中では、さっきの話の結論は何となく落ち着いたみたいだけど、僕が本当に言いたかったのは、別に相手のことを理解するのが難しいとか、それが分かることが大切とか、そういうことじゃないんだよね。
>
> Ａ：いや、私は全然納得してないんだけど……！
>
> Ｃ：どういうことなの、Ｅさん？
>
> Ｅ：Ａさんほどじゃないにしてもさ、みんなコミュニケーションをとって、相手のことを理解しようとすること自体は疑問に思わないんでしょ？
>
> Ｂ：それは、そうだよ。Ａさんみたいに何もかも理解できるっていうのは、ちょっと極端だと思うけど、少なくとも理解しようとする努力は大切だと思う。
>
> Ｅ：僕からするとさ、その理解しようとする努力っていうのが、邪魔で仕方がないんだよね。
>
> Ｄ：相手から理解されなくてもいいってこと？
>
> Ｅ：そもそも理解なんてできないしさ。僕の世界は僕だけのものなんだよ。他人がそこに関係してないとまでは言わないよ。でも、僕の気持とか、感情とか、意志の奥深いところなんて、他人に手が届くはずがないし、安易にそこを理解しようとされるなんてうっとうしいだけなんだよね。
>
> Ｃ：僕はそこまでしようとは思わないかな……。とりあえず表面的なところだけでも、うまくやりとりできればいいかな。
>
> Ｅ：そうやって表面的な付き合いをしてくれるなら、まだいいけどね。まぁ、僕に言わせれば、僕だけの世界に踏み込んで来ようとしている時点で、みんなもＡさんも変わらないよ。僕の世界は僕だけのものなんだ。
>
> Ｂ：別に、そんなつもりはないんだけどな……。
>
> Ｄ：……。

④－4：Ｅさんのコミュニケーションに対する考え方を踏まえて、あなたの考えを書いて下さい。

⑤：問い

- 今のあなたはA〜Eさんの誰に近いですか。丸をつけましょう。また、その理由も書いて
  下さい。

  ［　Aさん　／　Bさん　／　Cさん　／　Dさん　／　Eさん　／　誰でもない　］

  〈理由〉

- どのような状態であれば、コミュニケーションが成立したと言えるでしょうか。

- 「自分の世界は自分だけのものだ」とはどのような意味だと思いますか。

- ワークシートをやってみて、あなたが考えたこと、疑問に思ったことなどを書いて下さい。

4. コミュニケーションをとることはよいことである　　39

友だち地獄

　人と人のつながりを大切にというのは社会の基本です。学校でも会社でも、「協調性」「コミュニケーション能力」が重視されています。クラスでは「みんなが一つに」が合言葉になったとき、たとえ疑問に思っても、正面切って反論しにくい雰囲気があります。しかしそこには、ある疑問が浮かびます。なぜ一人であることがいけないのでしょう。

　土井隆義は、『友だち地獄』の中で、このように指摘しています。今の子どもたちは、学校でもどこでも、周囲から浮かないよう「空気を読む」ことに神経をすり減らし、疲れ果てています。その理由は、彼らの自我が、周囲からの肯定によってかろうじて維持されているからで、それを失えば自分自身を支え切れなくなってしまうからです。彼らは、友だちに対し、対立する意見、異なる意見を出さないのは、そうしなければ友だちからの支持を失い、自分自身が危うくなるからです。こうした、相手を傷つけまいと本音を出さない「優しい関係」を維持するために、周囲の空気を読み、鋭敏に反応せざるをえないという、きわめてデリケートな心理戦である、というものです。

　もう一つの特徴は、このグループは、そこから出ていくことを許さない圧力も持っていることです。合わないからといって他のグループに代わることも、グループを出るのではないがわが道をゆくという姿勢も許さない点を、小林道雄は「少年事件への視点1」（『世界』第683号、2001年参照）において指摘しています。この圧力は、自分たちが本当に出したい自分であることを抑えていることを、同じグループのメンバーに強制してしまいます。それは、「自分は自分の言いたいことも抑えて周囲に合わせているのだから、お前もそうするべきだ」という空気となり、いっそう閉鎖空間にしてしまいます。そうしたグループから一人出てしまうことは、裏切りと言うより、誰もが本当はしたかったが我慢していたことを一人だけやってしまうこととして羨望と嫉妬の対象となり、憎悪すら生み出すことになります。つまり彼らは、誰かが自分のできない「本当の自分であること」をする否や、それを全力で否定しなければならないほど、自分自身であることを求めながら、それを自ら抑圧するというアンビバレントな状況に陥っている、というわけです。

　私たちが、自分自身に適切な肯定感があり、他者に左右されない自分を持つ時、過剰に人に寄りかからずに済みます。他者が自分と違っていても、そのことで他者を否定して自分を守る必要はありません。しかし自分に自信のない、繊弱な自己意識しか持てない時、他者の賞賛が唯一の自分の肯定の基盤となる時、こうした過剰な他者依存とも言うべき状況が起こってきます。

　それでうまくいっているならいいではないか、という意見もあるかもしれません。しかし

こうした過剰な他者依存は、「空気を読めない」「他者と同一の行動を取らない」人間を排斥し、時には存在すらも否定する場合があります。まるで自分自身が認められないことの恨みを晴らすように、時に言葉をはじめ文字通りの暴力によって他者を傷つけ、否定しようとする行為につながります。昨今のヘイトスピーチ問題や広島LINE殺人（2013年6月に起こった灰ヶ峰死体遺棄事件）もまたそのような例と考えることができるのではないでしょうか。結果としてそれは、自分自身を傷つけているのですが。

　さらに、こうした危うい人間関係をさらに増幅しているのが、皮肉なことにネット社会、それもスマートフォンの普及ではないでしょうか。

　現在、スマートフォンの保有率は若年層では80％を超え、男性よりも女性の方が、保有率が高いという調査結果があります。スマホは、LINEやFacebookなどの一対多コミュニケーションの道具として、あっと言う間に普及しましたが、そのことで、気を使い合う関係は、学校だけでなく、家庭にまで侵入してしまったのです。

　これまでは学校でどんなに小さい仲間内で気を使い合っても、帰宅すればそれから解放される時間もありましたが、今やLINEで24時間同じ仲間とつながっていなければならなくなりました。LINEでは、グループの中で、誰か一人を意図的に外して情報から疎外するというLINE外しや、グループに入れてもその1名だけを残し残り全員がすぐ退会するといういじめがあります。既読機能は、即座にその会話に反応しなければならないという緊張を、食事や入浴の時にまで強いることになりました。これは個人の時間と空間のみならず、意識にも侵入しそれを支配する事態となっています。

　また、何かをしたり、どこかへ行くとすぐに写真を撮り、Facebookに投稿する人も多いです。そして友だちはそれを見て「いいね！」をクリックしなければなりません。「いいね！」は押しておけば見たことになり、投稿内容を肯定したことになるので、手軽さが受けたのでしょう。そして今度は、「いいね！」をクリックしなければならないという強迫観念、自分の投稿に与えられた「いいね！」の数にやきもきするという形での呪縛となっていないでしょうか。

　ここでコミュニケーションは、言葉を通して人とつながり、その人の他者性を受けとめ、複数性を認め合うこととは逆に、異質なものをどこまでも排除し、自分のそうありたい「自分」だけを支えてくれる「優しい関係」を維持するために、時には他者を暴力で圧殺するほどの「ねたみ」を生み出すことになっていないでしょうか。

　コミュニケーションとは、一人でいることを恐れる者が、自分の寂しさを紛らわすために他者を引きずり込んで思いのままに振り回すことではありません。自己と他者の違いを認め、受け入れ合う葛藤をも引き受け、その結果、新しい自分に出会うことではないでしょうか。

（森田美芽）

不可能な愛——マルグリット・デュラス

　私たちはどのような時にコミュニケーションがうまく取れていると言うのでしょうか。意見が一致した時にでしょうか。しかし、分かり合えていると思える時にこそ、互いの差異を否定しているのではないでしょうか。

　フランスの女性作家マルグリット・デュラス (1914-96) は、その実験的な独特の文体で恋愛の物語を書き続けました。小説の中では、通常の意味におけるコミュニケーション不能に陥っている男女が多く現れます。例えば『死の病い』では、女性を愛することのできない男性が、女性と金銭契約を結び、その"関係不可能性の中に存在する関係"が描かれています。使い古された恋愛心理描写を一切削ぎ落した短い文と少ない語によって、不可能なままそこに何度も繰り返し戻る愛の試み、流される涙が描かれます。「死の病とはどのように死に至るのか？　彼女は答える。病にかかっている者が、自分が死の病を、死を持っていることに気づいていないように至る。そのあとに死んだと言える先立つ生を持たないまま死ぬように。どんな生に死んだのかもまったく分からないというように」。そして、物語の最後は次のように終わります。「こうして、だけど、あなたは、あなたにとって唯一可能なあり方で、この愛を生きることができたのだ。起こる前に失うというあり方で」。他 (者) がなければ自分もありません。死の否定は、それに先立つ生もなくしてしまうのです。一致することのないずれが永遠にあり続け、決定的であるはずの死は、病のように知らないうちに潜んで持続しています。

　自伝的小説と言われる『愛人』では、フランス植民地時代のインドシナで15歳半のフランス人少女と大金持ちの中国人との関係が語られますが、ここでも少女の方が自分の気持ちに気づく（男を愛していなかったということに確信を持てなくなった）のは、別れた後のフランス行きの船の上です。小説の最後では、男が結婚したであろう中国人の娘、自分が知るはずもないその娘と男が過ごす夜が想像して描かれ、フランス人少女は不在のままでカップルの間に確実に存在する第三者になり、彼女という不在によって彼らの愛は強まり、結ばれることが描かれます。理解し合えない、または障害があるということが妨げでないばかりか、それこそが関係を形作っているかのようです。

　『愛と死、そして生活』という作品の中では、次のように述べられています。

　「男性と女性とは和解することはできない。そしてこの、それぞれの愛のたびに新たにされる不可能な試みが、その偉大さをなしている」。決して分かり合えないのなら絶望しかないでしょうか。私たちは他者と独立して存在しているのでしょうか。デュラスは常に関係の不可能性を書きましたが、同時に恋愛について書き続けました。中には通常の男女平等や人

権の考え方からは容易に肯定できないようなことも語っています。「私は、男性への完全な従属に賛成です。こんな風にして望んでいるものはすべて手に入れてきたのです」。また、被爆者の映像と男女のからみ合う体の映像とが重なり合う衝撃的な映画『二十四時間の情事（ヒロシマモナムール）』では、広島の街の映像が流し出される中、「あなたは私を殺す。私をいい気持ちにする」と主人公のフランス人女性が繰り返し言う場面があります。さらにデュラスは別の場所で、「私には女権運動や共産党のなかに、同じ反復的で機械的なものが見える。欲望が叩き売られ、軽蔑され、台無しにされている」とも語っています。客観的な理論は人々を互いが互いに武装した存在か、融合して一つになって同じ方向を向いた存在にします。デュラスは失うことが喜びであり主張であるような欲望の中で、自分と他者について考えるのです。

　私たちは相手が自分の言うことを聞いてくれなくても嫌ですが、聞いてくれるばかりでも、コミュニケーションをしている感覚を持つことができません。愛の関係にあるのは一人ひとりの独立と尊重というより、自分というものを覆してしまう、その転覆させる力の中で明らかになる互いの存在です。デュラスは不可能な愛の物語を通して、どうして自分を捧げてしまってはならず、武装しなければならないのか、何かを言うことが即ち自分を主張するということなのかと問うているようです。映画『ナタリー・グランジェ』では、家に洗濯機を売り込みに来たセールスマンが、ただただ「ノン」と受け答えする女性たちの拒否の力に、ついには何も言えなくなってしまいます。デュラスは、男らしい男などもう終わりであり、男性は女性に比べあまりにまだ理論的に過ぎるとも言っています。つまり、欲望を軽蔑しその声を聞こうとしない一般的、自己完結的、教訓的言説に留まっていると批判するのです。『二十四時間の情事（ヒロシマモナムール）』の中では、原爆投下という人類の悲劇と、個人の恋愛の悲劇とが敢えて同等に置かれています。映画は戦争の恐ろしさを再現映像によって客観的に語るよりも、恋人であるドイツ人兵の死を経験した主人公の個人的傷という私的レベルから語るのです。他者を自分のものにできる（客観的でありうる）という自惚れからよりも主観的に、「不可能な試み」である愛からこそ、ありえない悲劇、語ることもできなくしてしまうような人類の悲劇を描くことができると考えたのです。

　すべてが同じ方向を見ることがコミュニケーションではなく、通念となった言葉を繰り返すことが主張するということなのではなく、「拒否」あるいは「自ら無化してしまうこと」が、教訓的な言説の足をすくい、同質化の暴力に対する抵抗となり主張となるような、危険で自由な領域——不可能が可能にしている愛——にのみ忠実であることで、デュラスは他者とともにあるコミュニケーションの形を描くのです。他（者）とともにあるということは、あらゆることを「書き換え続ける」ことでもあります。彼女の文体や作家活動は、これまでの男性作家たちのそれと決定的に異なり、女性の欲望を表明したものとして高く評価されています。**（上田章子）**

私にとって一番確実なものは？——デカルト

　人間の孤立が深刻な社会問題となっている昨今、地域社会や学校、職場など多くの場面で他人とのコミュニケーションの重要性が叫ばれています。自分の考えや悩みを周囲の人に打ち明けて、それに対する共感や意見を求めることは、社会生活において大きな意味を持つと言えます。また逆に、困っている人たちの声に耳を傾けて、その境遇を理解しようとする態度は、倫理的な観点からも大変重要です。しかしその反面、いったい自分の考えていることがどれだけ他人に伝わるのか、他人の考えていることを果たして自分がどれほど理解できるのかと、日々疑問に思っている人も多いことでしょう。戦争や災害、犯罪などに巻き込まれてつらい立場にある人たちの気持ちを、果たして自分がどれほど理解しうるのか、しょせん無理なことであるという思いに駆られることもあるのではないでしょうか。

　フランスの哲学者ルネ・デカルト（1596-1650）は、人間存在にとって確かな事柄とは、人間が思惟するということに他ならず、〈私〉とは自分が思考している限りにおいて存在すると考えました。これが有名な「我思う、ゆえに我あり」という命題です。〈私〉にとって一番疑いえないことは、他人の存在や外の世界ではありません。なぜなら、私たちは、そうしたものに対して蓋然的な判断しか持ちえないからです。例えば、贈り物をあげた時に友人が大変喜んでくれたとしましょう。しかしながら、この友人は心の中では私の贈り物が気に入らないと思っているかもしれません。外の世界についても同様です。目の前に扉があると思っていたら、それは壁に描かれただまし絵だったということもあります。このように私たちは、自分の周りのことについてはすべて、誤った判断を下す可能性があるのです。私たちは眠っている間にも、「悲しい」とか「恐い」といった、目覚めている時と同じ感情や考えを抱き、場合によっては大声で泣いたり、恐怖のあまりうなされることがあります。当然目覚めればそれらは、単なる悪夢にすぎないのですが、その夢を見ている間の私の悲しみや恐怖は、目覚めている時と同じように、私たちを苦しめたり、悲しめたりするのです。したがって、私たちは自分の身の周りのことに関してすべて、それを思惟している時点では、夢やまぼろしと同じように不確かなものであると仮定できてしまうのです。

　ではこれに対して自分自身についてはどうでしょうか。もし私たちが万事について誤った認識を持ちうるとすれば、確実なことは何もなくなるでしょう。しかし、どんなに誤った認識を私が持とうとも、〈私が何かについて考えた〉ということ、そしてその考えを抱いた〈私〉が存在することについて、私たちは疑うことができません。つまり、どんなに私たちが荒唐無稽な夢の世界に欺かれる可能性を持っているとしても、この〈私〉だけは、そんな風にだまされている間も確かに存在していることを確信できるのです。(沼田千恵)

5. 人と信頼関係を築くことはよいことである

①－1：以下の行為の中で、自分が相手を信頼していなくてもできる行為を書き出しましょう。

> 消しゴムを貸す、お気に入りの本を貸す、お弁当を分けてあげる、お金を貸す、
> 携帯電話を使わせてあげる、レポートを手伝う、悩みを聞く、悩みを打ちあける、
> ランチをおごる、重い荷物を持ってあげる、先生に一緒に謝りに行く、
> 夜道を家まで送ってもらう、友だちを部屋に呼ぶ、手作りの物をあげる、
> 恋人が異性の友人と食事に行くのを許す

(   )

①－2：残りの行為を、どの程度の信頼があればできるかを下の線にそって並べてみましょう。

信頼強い ←――――――――――――――――――――――→ 信頼弱い

②：以下の「事例」を読んで、問いに答えましょう。

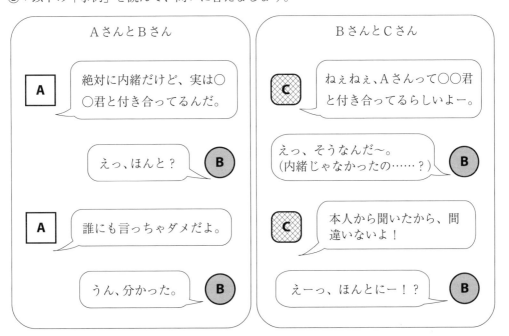

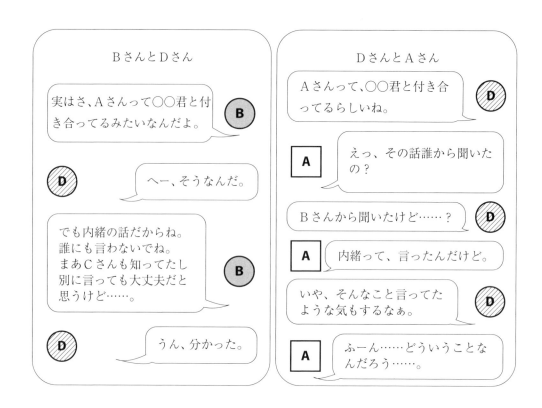

②－1：A～Dさんのうち、誰が誰を「信頼」していて、誰が誰を「信頼」していないかを考え、その理由を書きましょう。

誰が誰を ○さん→△さん	信頼している／信頼していない／どちらでもない	そのように考える理由
Aさん→Bさん		
Bさん→Dさん		

> 相手を信頼するということは
>
> 　相手からも（　　　　　　　　　　　　　　　　　　　）ということである。
>
> 　つまり、信頼とは（　　　　　　　　　　　　　　　　　）である。

③－１：次のA～Dさんの話を聞いて、その人の特徴や立場の違いが、よく現れている箇所に線を引きましょう。

A	人と信頼関係を築くことはふつうに大事でしょ。だから、人から信頼を失うようなことはしちゃダメだよね。例えば、メールにはきちんと返事を返すとか、相手の話にちゃんと反応するとか、とても小さなことだけど、そういう一つ一つがとても大事になってくると思うの。
B	人を信頼することはとても大事だと思うけど、それってどういうことなのかよく分からないんだよなぁ。みんな信頼できる人だとは思うけど、それぞれ言うことが違ったりするから、いつもよく分からなくなる。誰を信じたらいいのかよく分からないし、いつもその場の雰囲気に流されちゃいがちになるよ……。
C	信頼とか、そういうことは、まやかしなんだよ。結局、人間は自分の都合の良いようにしか考えられないし、生きていけない。そういう生き物なんだよ。だから、都合が悪くなったら信頼関係も簡単に終わっちゃう。人に頼らず自分だけの力で生きていかないといけないと思うよ。
D	相手に期待をしすぎるのはどうかと思うな。自分が信頼している人がいても、その人がこちらを信頼してくれているか分からないしね。自分が信頼するのと相互の信頼関係がうまく築けるかどうかは別の問題。だから、人に期待しすぎないようにしているよ。

③－2：Bさんが A さんの秘密を D さんに話したこと（②の事例）が、A さん本人にばれて
しまいました。そのことについて、A～C さんが話をしています。あなたは誰の意見に
賛同しますか。

> A：私が「内緒だよ」って言ったのに B さんはどうして D さんに話しちゃったの？　他の人
> にもベラベラしゃべったんじゃない？
>
> B：C さんも知ってたし……。でも D さんにしか話してないよ。
>
> A：そういうことじゃないの！　私が「内緒にしてね」って言ったのに、どうして D さんに
> 話したの？　って聞いてるの。人の秘密をベラベラしゃべる人のことを B さんは信頼でき
> る？
>
> B：いや、C さんが知っていたから、内緒じゃないと思ったの……D さんには口止めしたよ。
>
> C：A さんね、そもそも人を信頼しようとするのが間違っているんだよ。人に話した時点で
> 覚悟しとかないと。
>
> B：確かに私が悪かったかもしれないけど、そもそも C さんには内緒にしてって言ってない
> のに、何で私には口止めしたの？
>
> A：何となく B さんは口が軽そうだからね。やっぱり今回の一件で B さんが信頼できない人
> だっていうのはよく分かった。きちんと信頼できるかどうか考えないといけないね。
>
> B：いやいや、C さんは私に話したんだよ？

③－3：あなたは A～C さんの誰の意見に賛同しますか？

[　Aさん　／　Bさん　／　Cさん　／　誰でもない　]

〈理由〉

③－4：後から、D さんもやって来ました。（　　　　　）に当てはまる言葉を考えてみましょう。

> B：やっぱり納得いかない！　何で A さんは私にだけ「内緒だ」なんて言ったの？　他の人
> はそんなこと言われてないのに。A さんは私を試していたわけ？
>
> A：そういうことじゃないよ、あなたの態度の問題なの。実際に B さんは D さんに話したじ
> ゃない。裏切られても平気な人なんていないでしょ？　相手が信頼できる人かどうかを考
> えるのって悪いこと？
>
> D：もしかして、それって A さんは相手のことを信頼できるかどうか選んでいるってことな
> んじゃない？　最初から A さんの方が B さんのことを信頼していないんじゃない？　A さ
> んは疑うところから始まってるよね。僕なら信頼することから始めるけどな。

48

Ｃ：今の話ってさ、相手のことを（　　　　　　　　　　　　　　　　　　）ってことな

んじゃないの？　秘密を守ってくれないとダメとか、相談にのってくれないとダメとか、

連絡は返してくれないとダメとか、いろいろな（　　　　　　　　　　　　　　）

をクリアした人しか信頼できないってことでしょ？

Ｄ：うーん。それって、本当に信頼って言えるのかな……。

Ｃ：僕はそもそも人と信頼関係を築くのが無理だと思うけどね。

Ｄ：そんなことはない。大事なのは自分が相手を信頼すること。でも、相手が自分のことを
　信頼してくれているかどうかは分からないよね。

Ｂ：結局信頼って何？　信頼は（　　　　　　　　　　　　）だったんじゃないの？

Ａ：もういいよ、あんたは黙ってなさいよ。

④－１：Ａさんが「Ｃさんの発言」について、Ｄさんに愚痴をこぼしています。

Ａ：私は普通にしていただけなのに、Ｃさんも何か嫌だなぁ。あの人も信頼できないね……。

Ｄ：あなたは普通にしてるっていうけど、今、Ｃさんのことをチェックしたよね。

Ａ：えっ？　チェックしたらダメなの？　相手が信頼できるかどうか、確認して何がダメな
　のよ？　必要なことでしょ！

Ｄ：信頼できるかどうかを確認するってことは、相手のことを信頼していないってことなん
　じゃない？　それって矛盾してないかな……？

Ａ：えっ？　どういうこと？　私何か悪いことしてる？

Ｄ：いいとか悪いとかっていうか……。相手のことを本当に信頼しているなら、信頼できる
　かどうか確認なんてしなくていいと思うんだよね。信頼できてないから信頼できるかどう
　かを毎回毎回確認するんじゃない？

Ａ：じゃあ、信頼って何なの？　私はどうしたらいいの？

Ｄ：信頼を相互関係と考えるから、相手が自分のことを信頼してくれているかどうかチェッ
　クしないと不安になって、結局相手のことを信頼できなくなるんじゃないの？

Ａ：ちょっと待ってよ、じゃあ、人を信頼するってどういうことなのよ！？

Ｄ：相手をまるごとそのまま信頼するっていうのかな、だから相手が何をしてもいいんだよ、
　その一つ一つの行為には「こうして欲しい」とか「こうするはずだ」とか期待しないって
　ことかな。だから僕は、この人になら裏切られても仕方ないと思える人は信頼できる気が
　する。

Ａ：えっ、裏切られてもいい？　あり得ない！　信頼って相互行為じゃないの……？　一方
　的なものなの？

Ｄ：うーん。信頼と信頼関係って別っていうのかな。相手を信頼しているんだったら内緒話
　をするっていう行為をしても、そしてその結果がどうなってもいいと思えるんじゃない？
　僕は、信頼って、裏切られても仕方ないって思うことだと思うな。

Ａ：言ってることの意味が分からない……。信頼と信頼関係が別って？

5.　人と信頼関係を築くことはよいことである　　**49**

④−2：Dさんは下線部の発言で何を言いたいと思いますか？　あなたの意見を書いて下さい。

④−3：あなたは今までに「人との信頼関係や人を信頼すること」について考えるような経験をしたことはありますか？

⑤：問い

• 今のあなたはA〜Eさんの誰に近いですか。丸をつけましょう。また、その理由も書いて
　下さい。

　　[　Ａさん　／　Ｂさん　／　Ｃさん　／　Ｄさん　／　Ｅさん　／　誰でもない　]

　〈理由〉

• 人を信頼することと、信用することは同じでしょうか。

• ワークシートをやってみて、あなたが考えたこと、疑問に思ったことなどを書いて下さい。

ドメスティックバイオレンス

　ドメスティックバイオレンス（以下DV）という語はようやく市民権を得たと言えます。20年前には、単なる夫婦喧嘩であるとか、愛情表現にすぎないとかいう認識でした。今ではむしろ、DV被害の申し立てに対しても、女性から男性へのDVも多いとか、男性に対するDVは表に出せないとか、はたまた、DVされていながら離婚しないのは共依存であるとかの批判がなされています。あるいはDVによる離婚申し立ては賠償目当てであるとさえ言われます。果たしてそれらは妥当な言い分でしょうか？

　DVの定義は、「親密な関係におけるパートナーへの暴力」です。必ずしも男性から女性だけを前提としていません。しかし、DV防止法による通報件数は、男性から女性への暴力が圧倒的で、90％以上です。この事実を踏まえて見ていきましょう。

　ここで取り上げたいのは、親密な関係、つまり他者の介在しない排他的な、しかも人間社会での最も根本的な関係における暴力における問題の本質は、DVが人間の、最も中心的な信頼関係（夫婦や家族、恋人といった）を破壊し、他の他者関係にも破壊的な影響を及ぼすということです。

　DVは、通常次のように分類されます。第一に身体的暴力（殴る蹴る、引きずり回す等）、第二に精神的暴力（バカ、ブス、無能などののしりや無視）、第三に性的暴力（望まない性行為の強要、避妊に協力しないなど）、第四に経済的暴力（生活費を渡さない、渡してもごくわずかなど）や社会的暴力（友人や親との付き合いの制限、外出・仕事などを制限する）なども挙げられます。

　DV加害者は、彼らが暴力を振るうのは当然であると言います。彼らは、パートナーが自分の思うように自分をケアしないことは彼女の過失であると責め、女性として不足している彼女たちに教育しているのだと言います。あるいは能力が足りないから、主婦として果たすべき家事も十分にできていないから外で働くのに反対するのだとも言います。

　しかしこれらは一方的で自己中心的な理由です。そこには、妻は夫の生活のケアと感情のケアをするのが当然であり、それに失敗するのは女性の過失という、性別役割分業の巧妙なレトリックによる価値の押しつけを正当化しています。つまり、妻は夫が暴力を振るっても、それは妻としての自分が至らないせいであると思い込まされているからです。

　軽視されてならないのは、それらが継続的な関係の中で行われていることの影響です。赤の他人による一回限りの理不尽な暴力とは違い、継続的な関係においては、暴力を振るわれるかもしれないという恐れを常に持って生活すること自体が恐怖です。最初に暴力を振るわれた時、多くの女性は、なぜ暴力を振るわれたか、その理由が分からない状況だったと告白しています。いったい何が起こったのか、なぜ自分が殴られなければならないのか、優しい

はずの夫がなぜこんなことをするのか、彼女たちは自分の身の上に起こったことのあまりの理不尽さに、それらを「なかったことにしてしまいたい」という思いに陥ります。

　この、理解しがたい状況に面して、彼女たちは、暴力を振るわれたくないという思いから、彼の機嫌を損ねまいと異様な緊張を強いられています。しかも引き金は何であっても客観的な基準ではなく加害者側の精神状態によるので、彼女の混乱は大きく、心理的にも不安定になり、たやすく心理的な支配も受け入れてしまうことになってしまいます。

　暴力が繰り返されることにより、おびえ、不安、緊張、無力感、さらに「家庭を平安に保ち家族を幸福にするという女性の務めを果たせていないという恥じや敗北感、エスカレートする暴力や暴言にさらされているときの屈辱感、何をしても夫の暴力を止められない、夫を変えられないという絶望感」（日本DV防止・情報センター編『ドメスティック・バイオレンスへの視点』朱鷺書房、2005年、49頁）にさいなまれ、暴力に対し抵抗する力を失ってしまうのです。

　なぜ彼女たちは、暴力を受けながら逃げようとしないのでしょうか。ジュディス・ハーマンはこの心理を説明しています。加害者が、まず、被害者を自分の支配下に置き、一種の奴隷化し、それを卑怯にも、被害者自身が望んでいる、という形で強要するのです。被害者は守られ、支配され、時には屈従させられても、それを自分から望み、感謝し、そのことで彼を尊敬し、依存しているという関係を作ろうとします。「女らしさ」は、自分の生の感情を抑えて相手の欲求に沿い、相手の満足を自分の満足として受け入れることを求めるのですが、「男らしさ・女らしさ」の神話は、まさにこの加害者のニーズに大変都合よくできていることになります。

　さらに加害者は、被害者を孤立化させて友人や家族の支援を受けられなくし、そのことが絶対服従の条件と思い込ませます。このような絶望的な状態では、ある種の優しさをわずかばかり示されても、それが愛情の証のように思われ、そうした不当な支配から逃れる意志をなくしてしまいます。まさにマインドコントロールです。

　その上加害者は、精神的支配や屈従の最後の段階として、「他者とのつながりの象徴」のようなシンボリックなものの破壊しようとします。そうすることで被害者は、自分はもう誰からも見捨てられているという感情を持ってしまい、自暴自棄状態になってしまいます。

　最終段階は、いわば、加害者による被害者の精神的解体でと言えるでしょう。被害者が自らの手で自分の道徳性や人間性を捨てて自分を貶め、汚したり、自分の子どもなど他の者を犠牲にしてしまい、このような行為を実行してしまうことで、被害者の人間としての最後の自尊感情が徹底的に粉砕され、自己嫌悪の極限で被害者が精神的な解体を体験してしまいます。例えば虐待される子どもを守れないケースなどがそうです。

　DVをこうしたものと理解すると、それは単なる暴力ではなく、愛情の名を借りた支配であり、その影響はきわめて甚大で、人間の基本的な信頼関係を破壊するものではないでしょうか。**（森田美芽）**

5. 人と信頼関係を築くことはよいことである 53

信頼から共存へ──ルソー

　あなたには心から信頼できる人がいるでしょうか。そう問われると、親、兄弟、友人、恋人、学校の先生など、普段身近に接している人たちの顔がおそらく浮かぶことでしょう。あるいはそれとは逆に、「人間同士はそうそう簡単に分かり合えるものではない。結局自分しか信じられない」と答える人もいるかもしれません。もちろん私たちはどんなに親しい人であっても、その人の心の中までのぞくことはできません。しかしながら私たちが、そうした理由で他人との信頼関係を一切放棄してしまったらどうなるでしょうか。

　例えば、外出先で友人が財布をどこかに忘れてきて、帰りの電車賃500円がなかったとしましょう。友人との間に信頼関係があれば、今度会った時に返してくれたらいいからと言って、おそらくあなたは友人に500円を貸すことでしょう。これに対して、もしあなたが「他人の心の中までは分からない、万が一お金が返ってこなかったら」と思い、友人の申し出を断ったとしましょう。もちろんその場合、あなたは損をすることはありませんので、これは一見したところ自分のためになっている選択であると思われます。ところがその一方で、こうした選択は、どんなにささいなことでも自分が損をする恐れのあることはしないという関係を友人との間に成立させることになります。つまり今後自分が同じような事態に陥っても、あなたは一切友人に頼ることはできないのです。

　フランスの有名な思想家ジャン＝ジャック・ルソー（1712-78）は、人間の本来の状態が単に自己の利益のみを追求し、他人の存在を顧みないような闘争状態ではないことを主張しています。すなわち人間には自分自身を守ろうという思いとともに、他人の苦しみに対して、それを見ていることに耐えられないような憐憫の感情も持ちうるものなのです。ルソーが言うには、人間は自然状態においては、このような自己保存の傾向とともに、相手を思いやる気持ちも同時に備わっており、両者のバランスが取れた状態においてこそ、他人との健全な関係が保たれるのです。

　それではなぜこの世の中では様々な争いやもめごとが起こるのでしょうか。ルソーは人間社会が発展してきた過程において生じた「自然状態の克服」こそが、こうした問題を生み出したと指摘します。人間社会における文化や文明の発展は、私たちに富や名声を得ることや、文化的に洗練された生活意識を持つことを可能にしました。しかしその一方で、人間は他人と自分を比較したり、経済や文化など様々な観点において優れているものとそうでないものとを選別することを覚えました。そしてその結果、自分が他人より優越した存在でありたいという思いに、強く駆られるようになったのです。

　ではこうした社会において私たちは、どのようにして他人と共存していくべきなのでしょ

うか。ルソーが言う社会契約の概念は、この問いに対して一つのヒントを与えてくれます。もし私たちが自分の生命や財産を守って安全に暮らしたいとすれば、どうすればよいでしょうか。強力な武器を所有し、相手の攻撃に備えることが有効なのでしょうか。これに対してルソーは、社会の成員すべてが、自らの権利を共同体に譲り渡すことこそが、解決への道であると考えます。つまり、私たちが殺人や略奪のない社会に暮らしたいと望むならば、まず一人ひとりが、他人の生命や財産を奪うことによって自身の利益を図ろうとする権利を全面的に共同体の最高の権威へと譲渡することが必要となるのです。ルソーはこれを、主権者および共同体の成員である人々との間に必要な約束事であると見なしています。つまり私たちの誰もが、自分の財産を守り、安全に暮らしたいと願っており、それを実現するためには、人々との間に、自分たちが「他人の生命や財産を脅かす権利をもたない」という契約を交わす必要があるのです。そしてこのような人々に共通の望みは「一般意志」と呼ばれ、個人が自分の利益を実現するために持つ「特殊意志」から区別されています。

　ところでこの「一般意志」とは、社会の中で安全に暮らしたいという私たちの思いを反映しているという意味では、個人の意志に通じるものではありますが、その一方で誰か特別な人の意志ではない、という意味では誰の意志でもありません。なぜなら、もし共同体の中で、ある特定の人物だけが、自分の利益のために、他人の財産や生命を脅かす権利を持つとしたら、私たちはその人物に全面的に服従するか、殺されるかしかなくなってしまうからです。ルソーも言うように、それは一方的な支配関係であって、もはや契約関係ではありません。つまり社会契約とは、私たちの一人ひとりが自由な主体でありながらも、他人と共存していくために必要な取り決めなのです。

　ここでもう一度、信頼ということに戻って考えてみましょう。なぜ社会の様々な約束事に信頼が必要なのでしょうか。それは私たちが、一方的に相手に服従を強いられる存在ではなく、それぞれが尊重されるべき主体として存在しているからです。そして実際にどんなに強力な法や権力が存在したとしても、私たちはそうした法を犯しうるという意味では、自分の行動を決定するのは、最終的には自分自身であると言えます。ルソーが言うような「一般意志」に基づいて私たちが行動するには、実は私たちの誰もが同じように約束を守って行動することが前提とされているのです。私たちは信号が赤になったら止まりますが、青になったら歩き出します。それは車を運転している人も自分と同じようなルールに従って止まると確信しているからです。私たちは、相手が約束を破って他人にけがをさせるようなことはないと信頼して、道路を横断するのです。この信頼がなければ社会は成立しないとさえ言えるでしょう。このように私たちの社会に存在する多くの取り決めは、人間同士の信頼関係によって成り立っています。それは単に親しい友人や家族などに限定されるものではありません。そしてこの約束は、人間同士がお互いに拘束し合うというよりも、お互いを尊重しながら生活することを目的にしていると考えられるのです。**(沼田千恵)**

他者の言葉——ジャック・デリダ

　他者を信じるということはどういうことでしょうか。私たちはメールの返事をくれなかった人に腹が立ったり、自分に優しくしてくれた人にはその分だけ返し、そうしてくれなかった人には返したくないと思ってしまいがちです。結局のところ、与えた分だけちゃんと返してくれる人、考えていることはこちらが見通せるような、秘密のない人、自分の利に適う人だけを信頼できる人と呼んでいるのでしょうか。しかしそれでも、他者との関係は、見返りを計算した交換法則だけに還元できないことを私たちはどこかで感じています。

　『死を与える』の中でジャック・デリダ（1930-2004）は、「自分と結びついてはいるが離れている存在である"他者"」の要求に計算なく答えることは自己矛盾となり、自分で自分が分からなくなるほど与え続ける循環性、終わりなき死の反復に至ると言います。ただ無条件に与え続けるというまさにそのことによって、すべてが言い尽くされえない秘密が残ること、つながり自体の死によって可能になるつながりが示されると言うのです。それはすべてを一に還元してしまう考えとは逆方向の考え方です。自分にイニシアティブがあって決定できるというより、知らずに自分に関わってくるものに対して、にもかかわらず私のものとして決定しなければならないというような自-他律的な構造を持つものです。ここでは他者への関係は避けることができず、なお終わることがありません。

　それではどこまで自分を開いてしまっていいというのか、相手に裏切られるのでは、侵入され、利用されるのではという怖さを感じるかもしれません。しかし、その守るべき自分の主権というもの自体があやしいものだと言われているのです。デリダはこの構造を文学の特徴と結びつけます。文学とは、言うべきことは何もなく（それ自体に中身があるわけではなく）、「すべてを言うことができ、すべてを隠すことができ」ます。つまり、秘密なくあらゆることについて語ることができながら、秘密を保つ（何も語らない）ことができます。意味を最終的に限定せずにいることができるのです。語っても謎はそのままで、謎があるほど語ることもできます。それは他者を自分に、多を一に吸収してしまう環というより、自分が自分では、一が一ではありえないということにつながっていく循環です。

　ジャック・デリダは、フランスの植民地であったアルジェリアでユダヤ系フランス人として生まれました。それゆえフランス人としてはアルジェリアを支配した支配者側、ユダヤ人としては支配者側内での被支配者側（戦争中はユダヤ人としてフランスの市民権をはく奪されてしまう）という複雑な立場の中で育ちます。つまり、彼にとって唯一の言語であるフランス語は生まれ育った土地の言語ではなく、自身が属す民族の言語でもない、海を隔てた国の人々の言語なのです。このことからデリダは、母国語というものが自然で同一化できるものとい

う通常の考えに疑問を投げかけます。そして、母国語なら自由にあやつることができるという私たちの考えさえも支配闘争の結果であることをあらわにするのです。たった一つの母国語が外国語であるということは、母国語と外国語があるのではなく、私たちは外国語を母国語と言い聞かせているだけであることを意味します。例えば面接時や恋をした時、母国語は突然外国語のように危ういものに思われます。普段は忘れられていますが、同一、同質と思われるものの中に常に他の反抗の可能性がある、他がありうることにその時私たちは気づきます。この、完全に自分のものにすることはできない言語を話すしかないことに気づくのです。

　『たった一つの私のものではない言葉：他者の単一言語使用』の中で、言語というものがそこから脱出できないもの（「単一言語」）でありながら、いつもすでに自らの外に出ているものであることが論じられています。「この文は誤りである」という文は、この文自体が正しいということを前提として読まなければなりません。言語の外に出ることのまったくの不可能という閉鎖性が自己矛盾となり、自己固有化を拒否するのです。いわば固有化不可能な場所で、何とか固有化しようとするもがきがあるのみなのです。私の唯一の言語が自分のものではない他者の言語で、肯定することが否定することになるような矛盾の中で、できることはそのもの自身の変容です。「自分を見失うことになるまさにその時に喜びを感じるといったような」内的な変化です。「どこから来たのか分からない客人が、今、私が話すこの言語を話させる、自分の言葉を、自ら違った風に話させざるを得なくしてしまうという風に」。言語とは「他（者）のものであり、他（者）からやって来たものであり、他（者）の到来そのもの」なのです。

　自分のものにしたいと思う対象が最初から失われており、それが終わりなく書くことにつながり未来につながっていきます。ここでは他者への関係は外にある対象としてではなく、外部と内部という区別も無効にしてしまうような「振り返り」として考えられています。それは内から別のことが起こるような、自分が自分ではなくなる裏切りの経験に例えられます。このような捉え方をする時、言語は最終結論を表明できるものとしてではなく、他に向かい他からやって来るもの、計算の安定ではなく贈与の不安定さの中にある「約束」として現れます。安定を揺るがす存在を常に軽蔑してきた西洋哲学の論理中心主義をデリダは批判してきました。母国語の場合で見たように、他を吸収し支配し忘れてしまうことから逃れられないということが、同時に、他の影響を受けない存在を前提とした考え方を否定し、他がいかなる時にもいかなるところにも、認めたくないところにも、知らないうちにもあることを意味するのです。デリダは差異という言葉を「差延」という言葉に置き換えます。これだけは何の影響も受けえないとする究極の存在の前提ではなく、裏切られ、一致不可能なまま生み出し横溢していく点を表すためです。あらかじめあると見なされた自己同一性を問い直し、他者に無条件に応答することによって初めて自己が存在すると考えるのです。（**上田章子**）

6. 社会の一員としての責任を果たすべきである

①－1：以下のうち、あなたが自身を「社会の一員」であることを意識するものを選び、書きましょう。

あいさつをする、回覧板を回す、隣の家におすそ分けをする、地域の清掃に参加する、
分別してゴミを捨てる、近所のお祭りに行く、地域行事で係をする、
地域の運動会に参加する、フリーマーケットに行く、街コンに参加する、職業体験、
学校の代表として行事に参加する、受験勉強をする、放課後に部活動をする、
他校の生徒と交流する、自治会や生徒会の役員をする、ボランティア活動をする、
夜中にコンビニに行く、本屋で立ち読みをする、電車に乗る、メールをする、
LINEをする、ブログを書く、SNSでつぶやく、ネットの掲示板に書き込む、
日本代表のスポーツ選手を応援する、政治のニュースを観る、選挙に行く、
国民年金の保険料を納める

その他（　　　　　　　　　　　　　　　　　　　　　　　　　　　　　　　　）

①－2：その場合、意識する社会とはどのようなものですか。（例：地域、国、学校、友人関係など）

59

①－3：①-1、2を踏まえて、「学校の一員」、「地域の一員」、「国家の一員」として「相応しい行動」「相応しくない行動」をそれぞれ思いつくだけ書いてみましょう。

〈学校の一員として相応しい行動〉

〈学校の一員として相応しくない行動〉

〈地域の一員として相応しい行動〉

〈地域の一員として相応しくない行動〉

〈国家の一員として相応しい行動〉

〈国家の一員として相応しくない行動〉

②：A〜Eさんが同窓会で久しぶりに再会しました。それぞれが現在の自分のことについて
　話しています。

A：俺は今、それなりに大きな企業で働いているんだ。仕事は忙しいし、大変だと思うこと
　もあるけど、それで給料をもらっているわけだからね。まだまだ立場は低いけど、自分が
　頑張った分だけ自分に返ってくるし、それが会社の利益にもなるから、毎日必死だわ。会
　社から与えられた役目をきちんとこなしていくことが大事だって社会人になってから思う
　ようになったよ。仕事にやりがいを感じたことは特にないけど……自分に与えられた仕事
　は、ちゃんとやるっていうことかな。それが一番社会人として大事だと思うよ。目の前の
　仕事にきちんと向き合うこと？　そんな感じだね。

B：僕は教師をやっているよ。教師ってとても大変なんだよ。単に子どもに何かを教えるだ
　けじゃなくて、クラスのことや学校全体のことも考えないといけないからね。最近は保護
　者との関係もうまくやらないといけないから、地域との連携をしっかりして、学校の評判
　をあげていかないといけないからね。何かあると学校が悪いことになるから放課後も気が
　抜けないんだよ。

C：私の職場はそんなに大きくはないけど、地元で昔から陶磁器を作っている会社なんだ。
　でも仕事にはやりがいを感じているし、楽しいよ。大きな会社に就職して、バリバリ働い
　ている人を見てると、すごいとは思うけど、私には今のままの方がいいかな。毎日、扱っ
　ている商品も、小さなものが多くて地味なんだけど、品質はとてもいいんだ。自分の仕
　事が地域の産業を支えていると思うと、私もきちんと仕事をしないとけないなって思うん
　だ。私たちの会社が作っている商品が少しでも地域の役に立つように、私にできることを
　やっていかないとって思ってる。

D：僕は大学院に進学して、研究をしているよ。自分の知りたいことを追求したいと思って
　いる。周りはみんな働いていて、結婚したり子育てしたりしている友達もいるけど、僕は
　そういうのはあんまり興味ないよ。ずっと今の研究を続けるかどうかは分からないけど、
　そこに興味深いものがあれば自分の能力の及ぶ限り挑戦し続けるのが僕なりの使命かな。
　知的な探求っていうのは多くの人が取り組んでも時間と労力がかかるからね。僕も少しで
　もそれに貢献できたら嬉しいな。

E：僕は海外ボランティアをしているNPO団体に就職したよ。今はほとんど海外で過ごし
　ているよ。昔から人の役に立ちたいと思っていたから、この仕事を選んでよかったと思っ
　てる。いろいろな国や地域に行って、現地の人と交流するのはとても大事なことだよ。直
　接人の役に立つことで、社会の一員としての責任を果たすことができると思うから、より
　多くの人と出会って交流を広げるべきだと思うな。申し訳ないけど、みんなの生きている
　世界は狭い気がするよ。もっと広い視野を持った方がいいんじゃないかな。

---

6. 社会の一員としての責任を果たすべきである　　**61**

②-1：A～Eさんはそれぞれ何に対して責任を果たそうとしているのかを考えてみましょう。

〈Aさん〉

(　　　　　　　　　　　　　　　　　　　　　　　　　　　　　　　　　　　)

〈Bさん〉

(　　　　　　　　　　　　　　　　　　　　　　　　　　　　　　　　　　　)

〈Cさん〉

(　　　　　　　　　　　　　　　　　　　　　　　　　　　　　　　　　　　)

〈Dさん〉

(　　　　　　　　　　　　　　　　　　　　　　　　　　　　　　　　　　　)

〈Eさん〉

(　　　　　　　　　　　　　　　　　　　　　　　　　　　　　　　　　　　)

③-1：Eさんに「生きている世界は狭い」と言われた残りの人の反応を見て、それぞれの人がさらに何に対して責任を果たそうとしているのかを考えてみましょう。

A：広い社会って言うけどさ、お前が見てきたのも世界の一部にすぎないだろうが。それで世界全体を知ったふうな口を聞かれても笑い話でしかないわ。俺たちができることなんて、目の前の与えられた役目をただ果たすことだけだよ。それ以上のことに責任なんて持てるかよっ！

B：子どもたちの成長に影響を与えるっていうことはさ、未来に影響を与えるっていうことなんだよ。そりゃ、教師が関わることができる地域は限られているけどさ、子どもに関わるっていうことは、次の世代に関わることなの。僕たち教師は未来を見ているんだよ。

C：私の会社はね、食器を作っているの、これには特殊な技術が使われていて、日本だけじゃなくて海外にも輸出されてる。小さなものだけど、世界の産業を支えているんだよ。はっきりと目には見えないけど、私はそういう仕事に関われてるのが嬉しいの。

D：確かに、知的好奇心と言えばかっこいいけど、僕自身は好きなことを研究しているだけだからね。でも、学問や研究っていうのは、そういう積み重ねだからね。僕自身が大発見をしなくても、そうした小さな研究を踏み台にして偉大な発見や研究がされたりもするからね。そういう意味で、学問や研究に携わる人間の責任は小さくないはずだよ。

〈Aさん〉

(　　　　　　　　　　　　　　　　　　　　　　　　　　　　　　　　　　　)

〈Bさん〉
(　　　　　　　　　　　　　　　　　　　　　　　　　　　　　　　　)

〈Cさん〉
(　　　　　　　　　　　　　　　　　　　　　　　　　　　　　　　　)

〈Dさん〉
(　　　　　　　　　　　　　　　　　　　　　　　　　　　　　　　　)

④：同窓会の帰り道、AさんとDさんが会話をしています。下線部に注目して読んでみましょう。

A：みんなが言ってることがよく分かんなかった。未来とか、世界とか、そんな大きなことまで責任持てないよ。目の前のことこなすだけで精一杯だ。

D：みんなそれぞれ果たすべき責任の考え方が違うんだよ、きっと。

A：それっておかしくないか？　責任がどんなものか、それぞれが自分で考えるようなものでいいのかよ。会社に就職したら仕事をやらないといけないし、子どもを産んだら育てないといけない。そんなこと、俺たちが勝手に決めていいことじゃないだろ。

D：すると、僕たちは目の前の与えられたことに対してしか責任を持てないことなのかい？

A：そうだよ。俺たちは<u>自分の目や手の届かないところの社会に対してまで責任を持つことなんてできないんだ</u>。確かに子どもを育てることは未来につながるかもしれない。でも、その子どもが未来で過ちを犯した時に本当に責任が持てるか？　小さな商品でも世界の産業を支えているかもしれない。でも、それが遠くの土地でまったく思いもよらずに悪用されることまで責任を持てるか？　それが無理だと思うから、俺は目の前の仕事をこなすことだけを考える。どんな責任を持っているかなんて、俺が勝手に決めるものじゃないんだよ。

D：そうかなぁ。ただ目の前の仕事をこなすことで、本当に責任を果たしたことになるのかなぁ。それって何も考えず、ただ言われたこと、与えられた仕事をこなしているだけなんじゃないの？　ロボットや機械と同じになってしまわないかな？　むしろ、<u>責任っていうのは僕たち自身が何をするべきか、きちんと考えて背負うもの</u>なんじゃないのかな。そうしないと、先の見えない未来や、広い世界に対して責任を持つことはできないよね。未来のことやまだ知らない世界のことなんて、自分で想像して考えるしかないから。

A：だから無理なんだってば。

D：うーん……でも未来や世界とはどこかでつながっているわけだしなぁ……。

6. 社会の一員としての責任を果たすべきである　　63

④－1：Ａさんはいくつか例を挙げながら「自分の目や手の届かないところの社会に対して
　　　まで責任を持つことなんてできない」ということを言っています。ここで書かれている
　　　以外の具体的な例を考えてみましょう。

「自分の目や手の届かないところの社会に対して責任を持つことはできない」ことの具体例

④－2：Ｄさんは責任というものを「僕たち自身が何をするべきか、きちんと考えて背負う
　　　もの」と考えています。これについてあなたはどう思いますか？

⑤：問い

- 今のあなたはA〜Eさんの誰に近いですか。丸をつけましょう。また、その理由も書いて下さい。

[Aさん ／ Bさん ／ Cさん ／ Dさん ／ Eさん ／ 誰でもない]

〈理由〉

- 責任とはどういうものでしょうか。

- 未来に対して責任を負うことは本当に可能なのでしょうか。

- ワークシートをやってみて、あなたが考えたこと、疑問に思ったことなどを書いて下さい。

6. 社会の一員としての責任を果たすべきである

誰のための善？──プラトン

　私たちが、「よい」という価値判断をする時、そこには一般的に2種類の基準が存在していると言えます。それは自分自身の価値観に忠実に従うような場合の基準と、社会や集団の規律を重視する場合の基準です。古代ギリシャの哲学者プラトン（B.C.427-347）が示した正義の概念は、こうした問題に関わっています。彼は「何がよいとされるのか」という問いを、〈国家における正義〉という観点から考えようとしました。すなわち、何をもって正しい行いとするのかと問うた時、その答えは個人の幸福というレベルに留まらず、国家全体の幸福という、より大きな目的に与することが必要とされるのです。

　ところでプラトンはなぜこのような考えに至ったのでしょうか。それは彼が生まれ育ったアテナイの状況が大きく影響しています。当時のアテナイは政治的に混迷を極めると同時に、ソフィストと呼ばれる人たちが、弁論術によって様々な価値観を言葉巧みに正当化する技術を広めていった時代でもありました。その結果、人々の間には懐疑主義が広がり、自分たちの行動の指針がどんどん見失われていったのです。さらに一部の政治家たちが権力を掌握するようになると、個人個人の考える善が、国家の考える善と一致しないようになってきます。そうなれば、もはや人々はいやいや命令に従うか、反逆するしかなくなってしまいます。これではよき国家は維持できません。逆に言えば、国家が健全な形で維持されるには、国家がよしとすることが、人々のうちに「自分のなすべき行い」として十分に納得される必要があるのです。したがって、プラトンが述べる正しい行いとは、〈国家における正義〉を前提として説明されています。それによれば、優れた国家には「知恵」、「勇気」、「節制」、「正義」という要素が備わっていなければなりません。「知恵」とは「全体としての国家自身」という観点から様々な問題に対処する知を指します。これに対して「勇気」は、「恐ろしいものとそうでないもの」とについての正しい考えを、教育を通じて保持することを意味します。3番目の「節制」は、快楽や欲望に支配された状態ではなく、知性や適切な思慮によって導かれた状態を言います。プラトンの示すモデルに従えば、国家全体は知識のある支配者階級によって、どのようにあるべきかが考察されます。そしてこの国家のあり方は、軍人階級が、「何を恐れるべきか」を人々に教育し、さらに各人が節制を持って自分の欲望的部分に打ち克つことによって、可能となります。こうして実現された理想国家は、支配者の適切な知によってそのあるべき姿が描かれ、各人は自分のなすべきことを国家の行う教育と理性的働きによって正しく理解することができます。このようにプラトンは、各人が自分の役割をわきまえ、「余計なことをしない」ことが、社会的な「正義」として賞賛されるべきであると考えたのです。**（沼田千恵）**

社会の幸福か、個人の幸福か？──功利主義

　幸福な社会とはどのような社会だと思いますか。イギリスの哲学者・法学者のジェレミー・ベンサム (1748-1832) は、「功利原理」に基づいて、幸福な社会がどのような社会であるかについて考えました。「功利原理」とは、私たちが行う行為の道徳的な判断──何が善い行為で何が悪い行為か、何が正しい行為で何が正しくない行為かについての判断──を、その行為が快楽や幸福をもたらすかどうかによって決定すべきであるという考え方です。私たちは、しばしば嫌なことや苦しいことよりも楽しいことや快適なことを優先したり、楽しいことのために一時的に我慢をしたりします。例えば、勉強をしなければならないけど、ついつい遊んでしまったり、できる限り健康な生活を送るために病院に行って治療をしたり、というようなことは誰もが経験したことがあるのではないでしょうか。

　ベンサムは、快・不快に基づいて行為する人間の性質を自然的な事実と捉え、これを出発点として、幸福な社会のあり方について考えました。それが「最大多数の最大幸福」という呼ばれる理念です。簡潔にまとめるならば、社会とは個人の総和であるのだから、個人の快楽や幸福を最大化した社会こそが最も幸福な社会だ、というような考え方だと言えるでしょう。ベンサムはまた、個人の幸福が最大であるためには、個人と個人の利害を法や制度によって調整し、社会全体の幸福をできる限り大きくし、かつそれをより広く個人に分配すべきであると考えました。特に幸福の分配においては誰かを特別扱いすることなく、個人を平等に取り扱うのがよいと、その公平性を重視しています。

　このようなベンサムの「功利原理」を批判的に継承したのが、イギリスの哲学者・経済学者のジョン・スチュアート・ミル (1806-73) です。ミルは、社会全体の幸福を「功利原理」によって考えるという点では、ベンサムと同じような立場でしたが、そこに快楽の質という観点を取り入れます。ベンサムが、快楽は一定の基準に即した快楽計算（功利計算）によって数量的に計ることができると考えたのに対して、ミルは、快楽の質に注目しました。快楽にも様々なものがあるが、精神的・知的な質の高い快楽と身体的・感覚的な質の低い快楽があると考えたのです。このような立場は一般的に「質的功利主義」と呼ばれています。さらにミルは「最大多数の最大幸福」という理念には、多数派が自らの、あるいは社会の幸福のためにという理由で、少数派の不幸を正当化してしまうことに対する注意が欠けていると考えます。そこで「他者危害の原則」と「個人の自由」を重視します。多数派であっても少数派であっても、あらゆる人間は他者に危害を及ぼさない限り、自己の個性を自由に発展させるべきであり、そして個人の自由な行為を尊重することが、結果的には社会全体の幸福につながるのだと考えました。**(岡村優生)**

『おそれとおののき』から考える"個人と社会"——キェルケゴール

　人は支え合って生きているのだから自分のことばかりを考えるのではなく、いつもみんなのことを考えて行動すべきと言われます。一方で、人と違っているということは素晴らしいとされ、のびのびと個性、独創性を発揮することが求められます。この二つはどう両立できるのでしょうか。いつもみんなのことを考えて行動するということ、人に迷惑をかけてはいけないということがいかなる時も優先されるとするなら、もし自分たち自身が悪いことをしていたらどうやって気がつくことができるでしょうか。一人が正しいことを言っても、みんなにとって害を及ぼす場合は無視されてしまうのではないでしょうか。差異は全体の利益に害を及ぼさない範囲で認める、それは本当に差異を認めていることになるのでしょうか。みんなを敵にまわすようなこと、危険にさらすようなことでも、時には言わなければならないし、行わなければならないことがあります。言い換えれば、これまで正しいとされてきた普遍的なものが犠牲にされなければならないことがあります。社会性を身につけるとは、役に立つことをする、ルールを守る、電車内での化粧を控えるなど私と公のけじめをつけるといったようなことだけではありません。見られている時だけちゃんとするといった一種のあきらめではなく、社会とのつながり、働きかけという自己表現も意味しているでしょう。全体の中にいったん吸収された個人が、全体を相対化するきっかけにもなるのです。

　キェルケゴール（1813-55）は『おそれとおののき』の中で、信仰の父と言われる旧約聖書中の人物アブラハムについて思索しています。一人息子のイサクを捧げよという神の命を受けたアブラハムはイサクに刃物をつきつけますが、その時、代わりの子羊が現れてイサクは救われ、アブラハムは再び息子を取り戻します。キェルケゴールはここに「あきらめて信じる」という、信仰の二重の運動を見ます。倫理とは普遍的なものを最も高い価値とするということであるなら、アブラハムは殺人者として非難されるほかありません。全体の安定を乱す存在を認めることができない考え方の中では、彼を信仰の父と呼ぶことはできません。信仰は自己完結的な考えを超えていきます。彼は憎い者の命を奪おうとするのではなく、これ以上ないほどに愛している者の命を捧げようとするのです。これは客観的、一般的には決して理解されえない事柄です。キェルケゴールが強調するのはこの矛盾と断絶、アブラハムの孤独と苦しみです。普遍の後ろ盾のない、よって誰のせいにもできない、たった一人で未知への一歩を踏み出した当事者の視点です。一寸先も見えない道のりにある具体的個人の視点です。そんなことをわざわざせず、みんなと同じ場所にいる方が楽であるし、正しいことであると思うかもしれません。それでも、この孤独と苦しみの中にこそ希望もあることがここでは語られ、それどころか、どこに至るか分からないこの孤独な道のりだけが、一刻一刻私

たちの生を形作っていると考えられているのです。

　社会性には「分からないままやらざるをえないのに、今まさに選び変えている」という逆説的な面があります。アブラハムの物語は、常識の転覆さらには狂気そのものを語ります。父親として息子をこの上なく愛し、子を持つ幸せを十分知っていたにもかかわらず、その上にある、未知の、絶対的他者の要求によって、自分も住み慣れた、万人が認める普遍的価値の犠牲を受け入れ、そうすることによって息子を再び受け取るのです。この時、個人は「普遍的なものの下位にあった後に、普遍的なものの上位にある（普遍的なものを変えてしまう）」個人となります。そしてそれはあくまで否定によって、（今までこうだとされてきたことを）失うことによって、自力ではなく思いがけなく受け取るという形で、普遍的なものを新たにするのです。たったひとりで信じて歩いていくというのは、世間の理由を頼りにせず、自身がすでにこうだと思っていることも頼りにしないで出発するということです。最初から決まった何かがあるのではなく、失うことがいわば未知への一歩を踏み出すことなのです。個性つまり差異を認めていくことは想像以上に困難であると同時に、すべてがこのまわり道の中に捉えられ、安定化させない差異の存在こそが社会を構成しているのだということがここでは述べられているのです。

　私たちは何かを非難する時、非難したことで事足れりとしていないでしょうか。知っていることが正しいと考え、客観的という名の下に、新聞やテレビで言われていることをそのまま繰り返し、そこに至る道のりを省略することによって理解したと思い込んではいないでしょうか。アブラハムは殺人によって信仰の父になるのではないのです。『おそれとおののき』の最後でキェルケゴールは、「先に進む」ことにこだわる直線的時間概念を疑問視し、「反復（受け取り直し）」の概念について言及します。反復とは結論を急ぐ代わりにもう一度始める、自ら考え直すということです。すでに知られた「何か」という量的なものの代わりに、一人ひとりが源泉から取り直す「いかに」という質的な方に注目するのです。「あきらめて信じる」者は直接的に願望を叶えるのではなく、断絶の中でのつながり、"他"を信じることで、常に出発点にあります。そうではなく、自分と他者が並立対立していると考えるならば、例えば原発問題のように、今、自分たちが良ければ、自分たちとは異なる後の世代のことなどどうでもいいという無関心に陥るでしょう。全体の圧力（「それで食べている人たちもいる」）や、未知への恐怖（「電気は必要だし、便利さを失ったり、値上げは困る」）から、原発を手放すことをできなくさせてしまうのです。アブラハムが示すのは、全体の圧力に抗して未知を受け入れていくこと、失うという衝撃が同時に変わ（れ）るという喜びになるということです。合致の追求からよりも異議の衝撃、問い直しこそが出来事を生み出します。同じものが違うものになる再創造、独自の創造が他から出発する創造であるという「反復」によって、個人と社会との関係をあらためて考えることができるのではないでしょうか。**（上田章子）**

真の平等とは？──ロールズ

　倫理という観点から人間社会を考える際に、最も重要な課題の一つとして取り上げられるのが、公正な社会の実現です。戦後社会においてこの問題を論じ、大いに話題となったのがジョン・ロールズ（1921-2002）の『正義論』（1971）です。ロールズはこの著作で、正義の概念を〈公正さ〉としてとらえています。その背景には近代以降広まってきた「最大多数の最大幸福」、すなわち功利主義への批判が存在します。社会の発展とともに人々は物事を決定するのにも、合理性をより重視するようになりました。その結果、諸々の選択肢のうちで、どうしても効率のよいものが支持されるようになります。この「効率がよい」とはどういうことでしょうか。「費用がかからない」、「時間が短くて済む」、「簡単である」など、様々な定義が思い浮かぶでしょう。ところがこの〈効率のよさ〉に関しては、民主主義という形態が中心の社会にあっては、「大多数の人が賛成する」ことがとりわけ重要になってきます。例えば10％の税率を、税収を上げるために15％にしたとします。福祉等の用途で用いるという前提で多くの人が納得するような場合、税率を上げることはおそらく可能でしょう。しかしながら、増税によって極端に不利益をこうむる人たちも存在します。

　こうした問題に関してロールズは、正義には二つの原理があると考えます。一つ目は言論や思想の自由など、他人の自由を侵すことのない範囲で、私たちに保障される基本的な自由を行使する権利です（第1の原理）。さらに彼は、私たちが諸々の社会的不平等に行き当たった場合、それらを是正し、格差間で生じる問題に対処することの必要性を説いています（第2の原理）。例えば、経済的な事情で進学が困難になったとします。この時私たちは教育の機会均等という原理に基づき、何らかの援助を受ける権利がありますし、社会の側もそれに対処する必要があります。この第2の原理は世の中に格差はつきものという前提で、それらを可能な限り正していこうとするもので「格差原理」とも言われます。この原理に従えば、私たちは単に数量化された平等ではなく、格差是正のために形式的な不平等を認めることを余儀なくされます。例えば累進課税制度や各種保険制度などがそれに当たります。すなわち、所得が多いと、税金を多く払うことになりますし、健康であると、保険制度の恩恵に浴することは少なくなります。とはいえ、これらが不平等だと言って、税率を一律にし、保険制度をなくしてしまうと、今度は税金や医療費を払えない人が多く出てきます。ロールズも述べるように、こうした不平等は、格差を少しでもなくし、不利な立場に置かれた人たちが可能な限り利益を得られるようにするために必要であり、真の意味での不平等とは区別されます。したがって、正義とは形式的な平等を意味するものではなく、場合によっては必要な不平等も認めるような、私たちの合意によって成立していると言えるのです。**(沼田千恵)**

7. 主体的に生きるのはよいことである①

①－1：以下のものや事柄を、まずはあなたが「自分で自由に決められるものや事柄」と
「自分で自由に決められないものや事柄」に分類しましょう。さらに、それぞれを「あ
なたの意志で決めたいものや事柄」と「どうでもいいものや事柄」に分類しましょう。

> 将来どんな職業に就くか、どんな将来の夢を抱くか、どんな性格か、どんな趣味を持つか、
> どんなアルバイトをするか、誰を好きになるか、誰を恋人にするか、誰と結婚するか、
> 誰と友達になるか、誰と親や兄弟（家族）になるか、学校で誰（どの先生）に習うか、
> どの小学校へ行くか、どの中学校へ行くか、どの高校へ行くか、どの大学へ行くか、
> 何の勉強するか、授業に出席するかどうか、友達と協力して行動するかどうか、
> 誰と会話をするか、人の悪口を言うかどうか、SNS（TwitterやFacebook）をするかどうか、
> 何を買うか、どんな服装をするか、どこに住むか、どこへ行くか、いつ寝るか、
> 何を食べるか、どこで食事をするか、いつ食事をするか、どの国の国民になるか、
> 法律を守るかどうか、どの宗教を信仰するか、どの政治家に投票するか、
> 選挙に行くかどうか、自分の子どもにどんな教育をするか（子育て）、
> どんな時に笑ったり泣いたりするか（感情表現）、気に入らない相手にどう接するか、
> いつ生まれるか、いつ死ぬか

〈あなたが自分で自由に決められるものや事柄〉

〈あなたの意志で決めたいものや事柄〉

〈どうでもいいものや事柄〉

〈あなたが自分で自由に決められないものや事柄〉

〈あなたの意志で決めたいものや事柄〉

〈どうでもいいものや事柄〉

②－1：Ａ～Ｄさんがそれぞれ「自由」について意見を述べています。その人の特徴や立場
の違いが、よく現れている箇所に線を引きましょう。

Ａ：人間はそもそも自由な生き物。何だって自分の「思い通りに行動できる」っていうのが
自由だよ。やりたいことをやりたい時にやりたいように！　もちろん、実際には何の制約
もなく、誰からも干渉されないなんてことは難しいけど、それを実現できれば最高だよね。
みんなもっと自分の好きなように、思い通りに自由に生きようよ！

Ｂ：自由なんてことを考えたって意味ないんじゃない。そりゃ、生活が便利になったり、今
までできなかったことができるようになったりすることは良いことだな、と思うよ。でも、
だからといって、僕たちが自由に自分で決めてるのかどうか、みたいなことを考える意味
が分からないよ。難しいし、そんなこと分からなくても、楽しく生活できるんなら、それ
でいいと思うけどね。

Ｃ：自由なんかないよ。自分の置かれている立場も、行動も全部、他人や世の中の影響を受
けているんだ。戦国時代に生まれたかったとか思っても、どうしようもないだろ。世の中
の全部は、結局運命で決められているんだと思うよ。だから、それを自分で自由に決めよ
うとか思っても無駄だよね。人間は知らないところでいろいろな影響や制限を受けている
んだから、自分ではどうすることもできないんだよ。素直に運命を受け入れるしかないん
だよ。

D：自分で行動できるっていうのが、自由ってことなのかな。他人や世の中から影響されて
　行動しちゃうことって、たくさんあるよね。そんな場合でも、自分の意志で自分の行動を
　決めるっていうことはできると僕は思うんだ。やりたいこととか好きなことに限らず、最
　終的に自分がそれを「やろう」と決めて行動するなら、僕は「自分で自由に決める」って
　いうことでいいんじゃないかと思う。自分の意志を持って、それが行動と結びついている
　のが自由なんじゃないかな。

②－2：A～Dさんは「自由」についてどのような考え方をしていますか？　それぞれまと
　　めましょう。

〈Aさん〉

〈Bさん〉

〈Cさん〉

〈Dさん〉

②－3：あなたは自由についてどのように考えますか。A～Dさんの意見を踏まえて書いて
　　下さい。

②－4：A～Dさんがそれぞれ「主体的に生きること」について話しをしています。（　　）
　　にあてはまる言葉を考えてみましょう。

A：Bさんは、もっとちゃんと考えた方がいいよ。
D：でも、AさんとBさんは同じことを言っているように思うよ。だって、Aさんが言って
　ることって、結局は好き勝手に生きるってことでしょ。

7. 主体的に生きるのはよいことである①　　73

Ａ：違うよ。自分のやりたいことをやるんだよ。主体的に生きるっていうのはそういうこと。楽しければいいと思っているＢさんとは違うよ。

Ｂ：それほど違いはないんじゃないかな……。やりたいことをただやるだけなんでしょ。僕も、あまり深く考えずやりたいようにやってるだけだよ。僕は自分が楽しければそれでいいってことだと思うんだけど。

Ｃ：ＡさんもＢさんも、結局は流されてるだけなんじゃないの？　ＴＶとかで美味しい食べ物が出たら「これ食べたいな」って思うようなことじゃない。それのどこが主体的なのさ？

Ｄ：そうだね、その時の感情とか気分みたいなものに流されてるだけじゃ主体的とは言えないと僕は思うな。だって、それじゃ、機械や動物と何も変わらないじゃないか。

Ｃ：結局はみんな運命に縛られてるのさ……主体的に生きるなんて幻想だ。

Ｄ：幻想なのかなぁ。やりたい、とか、やりたくない、で考えるとそうなるかもしれないけど……。

Ａ：だったらどうすればいいんだ？　やりたいことをやることが主体的じゃないなら、何かをやりなさいと命令されたことや、やらないといけない決まりを守ればいいの？　それこそ主体的じゃないでしょ……。

Ｄ：そうか、それを自分で考えればいいんじゃないかな。

Ｂ：ん、どういうこと？

Ｄ：命令とか決まりを自分で考えるんだよ。<u>つまり自律するってこと。やりたいことでも、今はやめておいた方がいいこととか、やっちゃいけないこととかもあるよね。逆に、やりたくないことでもやらないといけないことだってある。</u>

Ｂ：やりたくないことをやることが主体的なの？　よく分かんないな。

Ｃ：それは周りに流されているだけだ。全然主体的じゃない。やっぱり、そんなのは幻想なんだ。

Ｄ：だから、そういうことを自分で考えて行動するんだよ。つまり、主体的に生きるっていうのは

（　　　　　　　　　　　　　　　　　　　　　　　　　　　　　　　　　　　　　）

っていうことなんじゃないかな。

主体的に生きるとは、

　　<u>自らが自らに対してルールを課し、</u>
　　<u>それにもとづいて行為を選択することのできる</u>
　　　（　　　　　　　　　　　　　　　）主体として生きるということである。

74

②−５：「やってはならない／やらなければならない」といったルールを自分で決めて行為
　　　　をしたことはありますか。また、それは具体的にどのような行為に対してですか。

[　　あ　る　　／　　な　い　　]

〈自分が決めたルール〉

③：Ａ〜Ｄさんが先ほどの続きを話しています。会話を読んで、以下の問いに答えましょう。

Ｃ：納得できないな。Ｄさんが言ってることは詭弁だよ。自由や主体的な行動なんてないと
　　思うけどな。

Ｂ：あったとしても、そんなこと考える意味なんてあるのかなぁ。

Ａ：いやいや、それは君たちが、主体的な行動は無理だと思っているからだよ。

Ｃ：実際、無理なこともあるじゃないか。それに、他の人や社会の影響をなくすことはでき
　　ないよ。

Ｄ：そうかもしれないけど、その中で自分が何をするべきか、何をしちゃいけないかを考え
　　ることもできるだろ？　ただ流されるだけじゃない行動だってあるさ。

Ｃ：確かにそうだろうね。でも、その考え方も他の人の影響じゃないって言いきれる？　君
　　は一人で生まれて育ったわけじゃないだろ。自分が何をするべきか、何をしちゃいけな
　　いかって、それを本当に自分で考えていると言えるの？　誰かの影響を受けていないって言
　　えるの？

Ｄ：そりゃ、影響を受けてないとは言えないと思うけど……。

Ｃ：そうでしょ。Ｄさんの言ってることは分からなくはないけど、僕の考え方を否定するわ
　　けじゃないよね。

Ｄ：でもさ、どこまで社会や他人の影響を受けているか、なんてことも分からないじゃない
　　か。完全に何の影響も受けずに行動することは難しいかもしれないけど、逆に全部が全部
　　社会や他人の影響だって決めつけるのも極端だと思うけどな……。

Ｂ：うーん、よく分かんないなぁ。どっちの言ってることも分かるけど、難しいね。何かさ、
　　結局どうして自由について考えないといけないんだろうね。考えるだけ無駄なんじゃな
　　い？

Ｄ：考えるだけ無駄なんだろうか……。本当に、自由とか主体的に生きるっていうのは幻想
　　なんだろうか。

7.　主体的に生きるのはよいことである①　　75

③－1：主体的に生きることは幻想だと思いますか？　理由も考えてみてください。

[　　幻想だと思う　　／　　幻想だとは思わない　　]

〈理由〉

③－2：自由や主体的に生きることについて考えることにはどのような意味があると思いますか？

8. 主体的に生きるのはよいことである②

④：「自由や主体性が幻想かもしれない」という問題について、A〜Dさんが話をしています。

A：自由や主体的な行動が幻想にすぎないっていう話が出ていたね。それって、どういうことなの？　自分が「こんなことやりたい」って思う行動ができないってこと？　そんなのつまんないよ……。

C：僕が言ってるのは、結局は「こんなことやりたい」っていう君の気持ち自体が、他人や社会からの影響を受けているってことだよ。つまんないかもしれないけど、仕方ないことさ。

A：僕の気持ちは僕のものだろ？　そういう影響ってのは邪魔なんだよなぁ。できるだけそういうのもから僕は逃れたいんだ。自由になりたいんだ。

B：ちょっと待ってよ。自由っていうのは自分で自分にルールを課すことなんじゃないか、っていうのが前回の話だったんじゃないの？

A：自分でルールを課すっていう話はよく分からないんだよね。僕はただ、自分のやりたいと思うことを邪魔されることなくやって生きていたい、その気持ちをできるだけ実現したい、そう思ってるだけなんだよ。

C：だから、さっきから無理だって言ってるだろ。君は無人島に一人で生きているつもりか？　どうやって他人や社会の影響を受けずにすむんだ？　いい加減諦めなよ。

A：いや、諦めないね。どれだけ、他人や社会からの影響を受けていようが、僕の気持ちは僕のものなんだよ。それを、誰かの影響とか、社会とか環境に決められているとは思いたくない。そうやって生きていたいんだよ。

B：何かよく分からんがすごい覚悟のような気もしてきた。

D：もしかしたらさ、Aさんはそうやって「自分がどうやって生きるのか」を選択しているんじゃないかな？　自分にルールを課すっていう話はよく分からないってAさんは言ってたけど、もっと根本的なものを自分で決めているんじゃ……。

A：生き方の選択？　どういうこと？

D：Aさんは「自分のやりたいと思うことを邪魔されることなくやって生きたい」って言ったよね？　それって、「朝は早く起きる」とか「嘘はつかない」みたいな具体的なルールではないけど、「自分がどうやって生きるのか」みたいな、基本的な態度を決めているんじゃないかな……。

A：そうだね、そうかもしれない。ルールを自分に課すのが自由だって言われると、何だかとても不自由な感じがして好きになれなかったけど、「生き方を自分で選択する」っていうことが自由だって考えると、すごく自由っぽい気がしてきた！

D：<u>自由がまた少し進化した気がする</u>。そうか、自由というのは<u>生き方の選択</u>なのかもしれない。自由が失われるっていうことは、自分がどういう人間として生きたいかっていうことが考えられなくなるってことなのかも。

④−1：Dさんが「自由がまた少し進化した気がする」と言っています。これまでに出てき
　　たいろいろな「自由」の考え方を、それぞれの違いを意識して以下にまとめてみましょう。

　　Aさんが②−1で言っていた「自由」とはどんなものでしょうか。もう一度自分の言葉で
　まとめてみましょう。

　　Dさんが②−4で言っていた「自由」とはどんなものでしょうか。もう一度自分の言葉で
　まとめてみましょう。

「少し進化した自由」とはどんなものでしょうか。自分の言葉でまとめてみましょう。

④−2：「生き方の選択」という観点から見ると、A〜Dさんはどのような選択をしてい
　ると言えると思いますか。自分の言葉でまとめてみましょう。

〈Aさん〉

〈Bさん〉

78

〈Ｃさん〉

(   )

〈Ｄさん〉

(   )

「生き方の選択」という自由の考え方について、引き続き４人が会話をしています。

Ｃ：どういう人間として生きたいか？　そんなことは考えても無駄だ。なるようにしかなら
　　ないんだよ。

Ｂ：うーん、なんかそれは夢がない話だなぁ。生きていても楽しくなさそう。

Ｄ：そう言えば、**目標に向かって努力し続けることはよいことである**、というテーマについ
　　て話し合ったよね。努力する目標って、どういう人間として生きたいのかってことだよね。

Ｂ：この時の話し合いでは努力し続けることで目標がどんどん抽象化してしまう、っていう
　　問題が出てきたよね。

Ｃ：ほら、やっぱり無駄じゃないか。どういう生き方がいいかみたいな問題を自分で勝手に
　　創り出すから、よく分からなくなって苦しくなるんだよ。他の誰かに決めてもらえばいい
　　んだよ、そんなの。努力の目標とかも自分で考えることをやめたら、悩んだり苦しんだり
　　する必要はないだろ？

Ａ：他にも、**社会の一員としての責任を果たすべきである**、というテーマについても話し合
　　ったね。

Ｄ：<u>果たすべき責任を考えることは、まさに生き方を自分で考えることにつながっている気
　　がするよ。</u>

Ｂ：この時は、未来や世界に対して責任は果たせるかどうかが問題になったよね。

Ｃ：自分が今いる立場や置かれている状況で責任が決まってくるんだ。自分で考える必要な
　　んかない。

Ｄ：確かにＣさんみたいに考えることができたら、生きるのは気楽になるかもしれないけど
　　……。じゃ、今まで僕たちが考えてきたことは何だったの？　他にも生活習慣の問題とか、
　　努力の問題とか、信頼関係の問題とか、いろいろとみんなで話し合ってきたじゃないか。
　　これって、自分の生き方を考えることなんじゃないの？　僕たちはずっと意味のないこと
　　を考え続けてきたってことなの？

Ｃ：そうだよ。

Ｄ：Ｃさんの考え方だと、<u>倫理や道徳も全部幻想だっていうことになるんじゃないかな……？</u>

Ｃ：少なくとも悩むことはないんだよ。倫理とか道徳っていうものがあっても、それは自分
　　で考えるものじゃない。社会や人間関係の中で自然と生まれて決まっていくんだから。

Ｄ：<u>自由なんてものはない、僕たちは主体的に行動することなんかできない、って考えるな
　　ら、倫理や道徳なんてものは幻想だっていうことになるのか……？</u>

8.　主体的に生きるのはよいことである②　79

④－3：下線部でDさんは、「自由がなければ道徳や倫理は幻想かもしれない」と言っていますが、どのような意味だと思いますか。、また、それについてあなたはどう考えますか？

> C：結局、最初の話に戻るね。さっきも言ったけど、理想なんて結局は自分で勝手に作り出した幻想なんだ。倫理や道徳もそうかもしれないね。自分で考えるようなものじゃないよ。
> D：Cさんの言うように自由も主体性も、自分の生き方とか、倫理や道徳だって、それらはただの幻想かもしれない。でも、その幻想があるからこそ、何がよいのか、何が悪いのか、そういうことを僕たちは考えることができるんじゃないかな。そうやって僕たちは「どうやって生きるべきか」っていう、自分の生きる在り方を問うことができるんだと思う。Cさんは、それらを「自分で勝手に作り出した」って言ってるけど、むしろその幻想を勝手に作り出すことはできるから、**よりよい人生は何かと**か、**どうやって他人と関わっていくべきなのかと**か、**果たすべき責任は何かと**か、そういった生き方についての問いを考えることができるんじゃないかな。自由とか、主体的な行動が幻想であっても、その幻想があるから僕たちはどんな行動がよいのか悪いのか、を考えることができるんじゃないかな。
> C：考えることはできるかもしれないけど、意味はないよね。
> D：何となく分かってきたよ。主体的に生きるっていうことは、「どうやって生きるべきなのか」っていう問いを自分で考えながら生きるっていうことなんだ、きっと。自由は確かに幻想かもしれない。<u>でも、自由は幻想である限りで意味があるのかもしれないね。</u>

④－4：「<u>自由は幻想である限りで意味がある</u>」とは、どのようなことだと思いますか。自分の言葉でまとめてみましょう。

⑤：問い

• 今のあなたはA〜Eさんの誰に近いですか。丸をつけましょう。また、その理由も書いて
  下さい。

  [　Aさん　／　Bさん　／　Cさん　／　Dさん　／　Eさん　／　誰でもない　]

  〈理由〉

• 主体的に生きるのはよいことでしょうか。

• ワークシートをやってみて、あなたが考えたこと、疑問に思ったことなどを書いて下さい。

8. 主体的に生きるのはよいことである②　　81

自由は不自由？──サルトル

　私たちは皆、日々自分の意志を持って行動しています。朝起きて何を食べるか、どんな服を着てどこへ行くか等々。子どもの頃は親が食事を作ってくれたり、着替えも用意してくれたりと、あれこれ迷わずに生きてきたと感じている人もいることでしょう。しかしながら、成長するにつれ、私たちは徐々に色々なことを自分自身で決定する場面に直面するようになります。どこに住むか、どんなところで働くか、どんな政党を支持するかなどです。このように私たちが自分自身に関わる様々な事柄を、自らの意志に従って決定することは、ごく当たり前のことであると言えます。そしてもし私たちがもしこうした決定をことごとく他人まかせにしたら、どうなるでしょう。おそらく「あの人は主体性のない人だ」とか「自分のことを自分で決められない」などと、非難されたりするのではないでしょうか。

　なぜ人間には主体的に生きることが求められるのでしょうか。この問いに関してフランスの哲学者ジャン＝ポール・サルトル（1905-80）は、人間存在とはそもそも、自分自身のあり方を問題にすることから逃れられないからであると答えています。例えば、私たちは、まったく将来のことを考えずに生活できるでしょうか。「明日のことは考えない」などと口にすることはありますが、生命ある限りは、明日も私は存在するのであり、どんなささいなことであっても、何も考えずに過ごすことはおそらくできないでしょう。つまりサルトルによれば、人間とは「自由の刑に処されている」のであり、私たちはこの、〈自由であること〉に関しては、自由であることができないのです。そしてこのように常に自分自身のあり方と向き合わざるをえない存在は「対自存在」と呼ばれています。したがって、人間存在にとっては、自分自身に向き合い、自分が将来どのようになりたいのかを自ら決定し、それに向かって自分の行動を主体的に選択することこそが、本来のあり方であると言えます。逆に、私たちがどのようになりたいと望み、そのためにどうすればよいのかについて考えることを放棄すれば、それは人間が本来有するあり方（＝自由）を放棄することにつながるのです。

　ところが日常生活においては、主体性を持って生きることがわずらわしく感じられることもあります。例えば、恋人から誕生日にプレゼントされた品物が、自分の趣味でなかったとしたらどうでしょうか。せっかく選んでくれたものだから、とりあえずはうれしそうな顔をするという人も多いのではないでしょうか。職場などでも同様でしょう。上司の言うことに反論した場合、たとえそれが正しいことであっても、うとましく思われたり、人間関係がこじれたりすることも多々あるのではないでしょうか。

　実は自由の哲学を唱えるするサルトルも、私たちが社会生活を営む上でこのような事態に直面することを指摘しています。そしてその場合、私たちは自分の意志を尊重するどころか、

それとはまったく逆の方向——すなわち、人の命令に従うとか、意に反した行動に出るといったこと——へ向かうようになります。そして、それは人間が自己の自由に対して自己を偽ることを意味しており、サルトルはこうした態度を「自己欺瞞」という言葉を用いて説明しています。この自己欺瞞には「二重の否定的態度」——すなわち、二つの偽りが含まれています。それは、〈真実についての偽り〉と〈本来の自分についての偽り〉です。先ほどのプレゼントの例で考えてみましょう。もし私が自分の趣味に合わないことを隠して、贈り物をくれた相手に「こういう物がほしかった、ありがとう」と言ったとします。これはまず一定の〈真実〉——すなわち、これは自分の気に入らないということ——を認めながらも、この真実から目をそむけ喜んでいるふりをするわけですから、そこにまず最初の偽りがあります。さらに私は、意に反していることを言っている自分を「本来の自分ではない」と知っているという点に第二の偽りが存在します。言い換えれば、〈嘘をついている自分〉についての否定——すなわち、「これは本来の私ではない」という意識が働いているのです。

　では以上のような態度は、単に〈自己への偽り〉として退けられるべきなのでしょうか。例えば、朝起きてもう少し寝ていたいのに、仕事や学校に行かなければならない場合、私たちは「もう少し眠っていたい」という気持ちを押し殺して、そこへ向かうことでしょう。カフェの店員であればどうでしょうか。おそらくは自分が好むと好まざるとにかかわらず、お客さんには笑顔で接することが求められるでしょう。そしてその場合、これらの態度は本来の自分を欺いているがゆえに批難されるべきであると言うよりも、むしろ、私たちが一定の社会生活を営んでいく上で必要とされることの方が多いのではないでしょうか。

　人間が意識を持つ存在である以上、私たちは自分自身について考えることから逃れるわけにはいきません。しかしながら、社会の中で他人と関わりつつ生きていく上では、一定の役割を演じることが求められる場合があります。そうした時に私たちは、自己の可能性にあえて目をつぶり、目前の選択が唯一のものであるかのように振る舞おうとするのです。人間の道徳的行為とは、こうした問題に深く関わっています。つまり、人間存在とは、常に自分自身の可能性に目を向けて、自分のあり方を問題にすることができる存在である一方、道徳的地平においては、他人に対して自分がどのようにあるべきかを考え、自分に求められるであろう役割と一致することを目指す存在であると言えるのです。

　ここに人間存在のむずかしさがあります。私たちは、自分が〈別様にもなりうる〉という考えにとらわれすぎると、自分の選択すべき道に迷いが生じるようになります。私たちは自らの意志で、たった今から職場の仕事を放棄したり、学校をやめることも可能です。そしてこれこそが人間が自由である証とも言えるのです。**（沼田千恵）**

主体をめぐって——実存主義、構造主義、ポスト構造主義

　主体とは何を指すのでしょうか。主体的に振る舞うとは人から言われたことをするのではなく、自分で考えることでしょうか。しかし、それはそう言われているから、教わったからではないでしょうか。実存主義の先駆者といわれるキェルケゴール（1813-55）は、人間は「無限性と有限性との、時間的なものと永遠なものとの、自由と必然との綜合」であると述べました。キェルケゴールから影響を受けたハイデガー（1889-1976）にとって、人間存在とは「すでにあることにおいて先立つ、投げられた存在」でした。注意すべきは、この投げられているという受動面、有限性を否定することが時間性の否定になり、能動の否定になるということです。ハイデガーは、今この一瞬も自分の選択であるという主体性の喚起を行いながら、死という確実不可避で無規定なものの中にある自己を強調します。考えることは「分からない」へと戻ることであり、戻ることが未来につながるとするハイデガーの思想は、分からないものはよくないものとして一直線に進歩拡大していく傾向に逆らい、「こうあるべき」の中に安住して他に気づかない人間中心主義（ヒューマニズム）を批判します。『ヒューマニズムについて』では、すべての存在者は私たちに言葉を通して現れてくるのだから言葉は存在の家であり、そこに住まわせてもらっている人間は主人ではなく貧しい牧人であると述べられています。人間はすでにある言葉の助けを借りて理解し、そのことで新しい言葉に言い換えながら存在のために仕えているというのです。取り逃しては取り直し、また取り逃してしまうという、失うことから免れることのできない、この円環構造の方が人間主体に先立つと考えるのです。

　例えば精神分析という方法を確立したフロイト（1856-1939）は、人間が自己と思っている部分はごく一部でしかなく、私たちの意識的行為も無意識に支配されていることをあらわにしました。精神分析においては、普段私たちが行っている取捨選択をいったん括弧に入れ、思いついたことをすべて言っていきます。この方法によって言語化できると身体症状は改善し、できない場合は身体症状が現れてしまうと分かりました。無意識とは、このようにいつも外に出ようとうかがっている、心の奥底に抑圧された表象の全体を指します。人間は自らの内面でさえ支配できていないのです。また、知的仕事や芸術創造といったものも性的欲望で説明する精神分析は、ここでも個人の自立や自由が幻想でしかないと説明するのです。フロイト精神分析を継承し、ソシュール（1857-1913）言語学、ハイデガーからも影響を受けたラカン（1901-81）は、分裂のない自分というのは幻想で、真の存在は欲望の中にあるとしました。そして、独立した主体が自由に言語をあやつるというより、言語が人間を支配し、人間を通して話すのだと考えました。言語とは差異を生み出す体系であり、象徴秩序であり、これを離れた「本質」や本能などはありえないというのです。ある語は他の語との差異によ

って決まります。例えば右、左や上、下もそれだけで意味はありませんが、並べることで初めて意味を持ちます。その関係は、男根秩序に基づいて男一有、女一無と分類される場合のように、自然ではなく恣意的です。私たちが自然だと思っている「シニフィエ（記号内容、表されるもの）」は、このように「シニフィアン（記号表現、表すもの）」によってすでに秩序づけられているのです。あるシニフィアンは常に別のシニフィアンを指し示し、別のシニフィアンからやってきます。他者を欲望することは、自分を欲望してくれるよう他者を欲望するということです。シニフィアンの鎖のように、欲望の幻想性のように、何もそれだけで独立しておらず、現実界は接近不可能です。

　個々の要素が体系と独立してあるのではなく、体系の中で個々は現れ、個人で自由に主体的に決めていると思っていることも、実はグループの習慣法則に従っているだけとするこのような考え方は構造主義と呼ばれ、発展や進歩といった考えを拒否します。実存主義は、それまでの合理性や普遍性といった概念を抽象的として疑いました。いわば「一つに見えても違う」ということです。普遍的論理が私たちを決定していると考えた構造主義にとっては、どんなに進んだつもりでも進んでいないのであって、「違って見えても一つである（一つの構造の中にある）」というわけです。他があっての自分であり、他以前の自分はないという主張だったはずなのですが、これでは結局「他を否定する自分」に戻っているのではという疑問が起こりました。そこで、乗り越え不可能な普遍構造の中に個々を集約してしまうというよりも、普遍構造が自らを構築していくその構築作用（自己制御や差異の増殖、ホメオスタシス、自らグループ化していくことなど）こそ注目すべきと考えられるようになりました。ポスト構造主義の哲学者であるデリダ（1930-2004）は、変わらない意味内容とそれに従属する道具としての言語という考えに、一つの中心を持った序列化という権力構造を見ます。それは突き詰めれば、言葉を介さない方がまわり道しない分いっそう真理に近いとし、末梢は省略できると考えることです。集中、集約化しようとするこのような働きこそ、他者を自己固有化する「男根ロゴス中心主義」であるとデリダは批判するのです。これに対して、「エクリチュール（書かれた言葉、書くこと）」においては、すべてが翻訳であり反復であることが現れています。現前しているものは痕跡であって、他者は不可避的に侵入しています。「差異」はここで「差延」として、つまり「決着点がたえず延期され、ずれていくこと」として理解されることになります。伝統的に低く見られてきた物質や身体の側の復権に立つこの考えは、現代のフェミニズムやポストコロニアリズムの思想に受け継がれています。少数派を無視する社会は許されないのはもちろんですが、差異を主張する時の自己とはどのような自己なのでしょうか。デリダは最も近くて気づかないもの、自らが現在使用している言語自体を（その構築作用を調べるために）絶えずほどいていくような脱構築の思想家です。差異を認めよと言うことは、自らの中において「他」あるいは「コントロール外」をどう認めていくことができるかという問題でもあることを忘れないようにしたいと思います。**（上田章子）**

主体性のかげりと本当の自分——シモーヌ・ヴェイユ

　シモーヌ・ヴェイユ（1909-1943）は、戦争の時代を、真理を求めて生きることで、鮮やか
に生き、死んだ女性哲学者です。彼女の思想は戦後公刊され、大きな反響を呼びました。彼
女の思想の特徴は、第一にマルクス主義への批判、第二に神秘主義と言われます。彼女の本
質は、近代合理主義では解決できない人間の魂に触れることであり、そうした近代社会の中
で傷つけられた人々にとって、経済的な救いではない救いをもたらすものを求めたことです。
彼女はそれを「真理」と呼びました。

　彼女は弱い者、抑圧された者に目を向けています。高等師範学校卒のエリートでありなが
ら、一介の女工として、肉体労働の現場に置かれた人間の悲惨を知り、それを「不幸」と名
づけました。単なる貧困ではなく、人は理不尽に見下げられ、どうでもよいもののように扱
われる時、自分自身が「私はそんな軽んじられる存在ではない」と抵抗する自己意識すら持
てなくなりますが、そうした自尊心を失った状況が「不幸」であり、そうした状況に置かれ
た人間を、彼女は「奴隷」と呼びます。

　　「苦しみの領域において、不幸はなにか特別なものであり、特殊なものであり、削減で
　　きないものである。不幸は単なる苦しみとは、まったく別のものである。不幸は、魂を
　　すっかりとらえつくし、魂の奥深くまで、不幸だけに属するしるし、奴隷のしるしを刻
　　みつける」（シモーヌ・ヴェイユ『神を待ち望む』より）。

　人は魂の奴隷状態となるべきではありません。しかし現実には、労働者の現場でしばしば
そのような状況が起こり、マルクス主義が描いたような労働者の解放も自由も幻想でしかあ
りませんでした。少なくとも彼女が現実に出会った工場労働者たちの現状はそうでした。

　彼女の卓越性は、こうした人間の魂への洞察に現れています。なぜ人は、他者を支配し、
他者の上に立ち、少しでも優位な存在であろうとするのでしょうか。力というものの本性は、
他者を犠牲にしてでも自己の権力を拡張しようとし、そのために相手を滅ぼすほどに憎しみ
を抱きます。イデオロギーやある種の宗教が、それを掻き立てる役割をするのを、シモーヌ
はスペイン戦争で見ました。個人的には何の恨みもないはずの人間を、単に相手が王党派と
いうだけで殺すことに何の痛みも感じない人々を。

　彼女は言いました。「民衆のアヘンは、宗教ではなく革命である」。より正確には、革命だ
けではなく、私たちが共通に持つ心の闇ではないでしょうか。私たちは力を求め、自己の正
当さを主張し、他者を手段としてのみ扱い、自分の目的に反すればその命を奪うことも辞さ
ない悪しき本性を持ち、自分ではそれをどうすることもできないのです。

　彼女はスペイン戦争で傷ついたからだを癒すために、アッシジの聖フランシスコの跡を訪

ね、ソレムの修道院でジョージ・ハーバートの詩に霊感を受け、神秘的体験を持ち、そこからさらに独自の霊性を見出すことになります。

　彼女は、歴史に埋もれた精神的伝統や世界の神話や伝承の中に、何よりも十字架の死を遂げたイエスの犠牲の姿に、異なる真理の姿を見出しました。それは人を傷つけず、自己を無にして人を救うものです。彼女の言う真理とは、人の魂を高貴にし、悪を受けて悪を返さず善をもって報いる、人の人生を根本的に変革する力を持つものなのです。

　最近、彼女の思想で注目されているのが「脱創造」です。

　　「想像を絶する愛にうながされて、神はかくも自身からかけ離れた諸存在たる人間を創造した。想像を絶する愛にうながされて、神は人間のもとまで降りてくる。ついで、想像を絶する愛にうながされて、人間が神のもとへと昇っていく。おなじ愛である。被造物である人間は、神が探しにきたときに人間に注入した愛によらなければ、神のもとへと昇ることはできない。しかもこの愛は、神にかくも自身からかけ離れた人間を創造せしめたあの愛とおなじものだ。受難と創造は分けられない。創造そのものが一種の受難なのだ。わたしの実存そのものが神を引き裂くのであり、この引き裂きこそが愛である。わたしが凡庸であればあるほど、私を実存させ続ける愛の尽きせぬ深さと広がりが明らかになる」（シモーヌ・ヴェイユ選集Ⅲ、157頁、みすず書房2013年）。

　人は神に似せて創造されたので自由な意志を持ち、自ら主体的に創造し、世界に働きかけ、他者と関わろうとします。しかし、創造された人間が自らの足で歩み始めた時、神は、自らは引き退き、創造された者の自由に委ね、あたかも「人が自分のちからで存在しているかのように」生きるように促します。人は自らが神となり、神が創造したように自分も自分の世界を創造しますが、そこで人は、自分の力で他者を傷つけ抑圧する関係になってしまいます。そうした人間にとっての究極の自由は、自らの自由を放棄し、無となること、そして人間を生かす究極の愛に生きることなのです。

　彼女はその後、両親とともにアメリカに渡るが半年後には何とかフランスに再度入国しようと、そのチャンスを窺って、ロンドンに滞在します。友人のモーリス・シューマンの紹介で、亡命していた「自由フランス政府」に協力します。彼女は「前線看護婦部隊計画」を提案しましたが、自らの犠牲をいとわない女性たちが、魂の高貴さを鼓舞するという彼女の意見はあまりに非現実的とされ、理解されませんでした。彼女は最後に『根を持つこと』の執筆中にロンドンの下宿で倒れ、そのまま入院しましたが、「フランスの子どもたちは食べていないから」と栄養ある食事を摂ることを拒み、1943年8月24日、アシュフォードのサナトリウムで死亡しました。

　シモーヌにとって、「自己を生きる」とは同時に「自己を無にする」であり、「自由」は「脱創造」なのです。それは私たちには可能な純粋性かもしれませんが、同時に、私たちが忘れてならない、「もう一つの生き方」でもあるのです。**（森田美芽）**

自由と責任の問題──「責任を引き受ける」とはどういうことか

　「責任」に関して、一般的に私たちは次のように考えます。もし、暴力的な手段を用いて脅されているなど、やむを得ない事情によって強制されている場合でなければ、その行為の責任を引き受けなければならない、と。つまり、自由な行為には責任が伴う、ということです。しかし、私たちの行為はどこまで「自由」と言えるのでしょうか。私たちは、様々なものから影響を受けながら生きています。どんな行為に関しても「私がこのようなことをしたのは、別の何かの影響のせいなのだ」と言うことは可能なのです。

　ミルグラム実験と呼ばれている、興味深い心理学の実験があります。実験室には「教師」役と「生徒」役の二人がいて、「生徒」が問題を解き、間違えるたびに「教師」から電気ショックを与えられる、という内容です。「生徒」は椅子に座らされ、手に電極をつけられた状態で縛られます。「教師」は、「生徒」が間違えるたびに電気ショックの強度を徐々に上げていくように指示されますが、本当は電気ショックが流れないようになっており、その事情は「生徒」しか知りません。「生徒」は電気ショックを受けた演技をするのです。「教師」が強い設定のスッチを押すにつれて、「生徒」の演技も苦痛を訴える激しいものになります。つまり、これは苦しむ「生徒」を目の前にして、電気ショックを与え続けるという実験者からの指示を「教師」がどれだけ忠実に守るのか、ということを調査する実験なのです。

　この実験によると、多くの「教師」が実験に協力的であり、かなりの割合が最高レベルまで電気ショックを与えることになったのです。この結果は、自分の行為に対して責任を負う立場にないと人間は残虐に思えるような行為でも容易に行ってしまう、ということを示すものだと考えられています。例えば、ナチスによるユダヤ人虐殺に加担したアドルフ・アイヒマンに関して、政治学者のハンナ・アーレント（1906-75）は、彼が残虐な性質を持っていたわけではなく、ただ忠実に命令に従っただけの一般的な人間だったことを指摘しています。

　一般的に責任とは、私たちの行為が原因となって起きた結果に対して、何らかの応答が求められることを言います。例えば、罪を犯した時には、それに相応しい罰を受けなければいけない、といったものです。だからこそ、自由な行為には責任が伴う、という考え方が成り立つのです。しかし、ミルグラム実験からも分かるように、行為の原因の一部が自らにあったとしても、「偉い人が命令したからだ」等という理由を見つけ責任を放棄することは容易いことです。その時、私たちはもはや、ただ命令を忠実にこなすだけの機械のような存在になり、自由な存在とは言えなくなるでしょう。つまり、「自由な行為には責任が伴う」ではなく、「責任を負うことで初めて自由になれる」というのが、自由と責任の問題を考える上で重要なポイントとなるのではないでしょうか。（蓮尾浩之）

人間はどのような意味で自由と言えるのか——カント

　私たちは自由に自分の行為を決めることはできるのでしょうか。できるとすればそれはどのような意味においてでしょうか。カントに従って以下で考えてみましょう。

　「世界におけるすべてのものは因果関係の連鎖によってしか生じない」という考え方と、「それでもなお、最初の因果関係のような、絶対的な自発性としての自由による原因性を考える必要がある」という二つの考え方は根本的に対立していますが、どちらもそれなりの根拠を持って主張できるため、理論的には完全な決着には至らないとカントは考えました。しかしこの問題を未解決のままにしておくと、実践の領域に関してはとても重大な問題に突き当たります。倫理学は「〜すべき」「〜すべきではない」という行為の善・悪の判断と、それらの判断の正しさの根拠について論究する学問ですが、これらの問いの領域が成立するためにも、まずは行為を実践する場面において人間が自由であるということが確立されていなければならないとカントは考えました。誰でも一度は「あんなことをするべきではなかった」と自分の行為に対して後悔の念を抱いたり、自分や他人の様々な行為に対して善・悪を判断したり、悪しき行為を行った人に対しては責任を問うたりしたことがあると思います。あるいは逆に、尊い行為を行った人に対しては賞賛したり、といったこともあるでしょう。行為や行為を行った人に対して賞賛したり非難したりすることが意味があるのは、人間が自分の行為を自ら始めることができるという「自由」な存在だからではないでしょうか。カント倫理学の大きな主題の一つは、「自由」をいかに証明するか、ということです。

　私たちは自分の行為について、「なぜそうしたのか」と問うた時にその理由を「○○もしているから」「優柔不断な性格なので」「雰囲気に流されて」「何となく反射的に」「保身のために仕方なかった」などと説明することがあると思います。しかしこれは、行為の原因が純粋に自分自身にない、つまり絶対的自発性がないので、自由な状態とは言えないのです。なるほどこれらの理由の中には、一見するとその時々の行為の目的に照らし合わせて合理的に考えられたものであるかもしれませんが、それらの理由は最終的には「自分自身の幸福や快を増大させるため」という自己満足に行き着きます。それは、自分が何を快や幸福と感じるかという各人の感性的な傾向性に基づいて行為を選択したり理由づけたりするという状態であり、カントによればこれらはすべて「他律」です。感性的な傾向性は、時と場合により移ろいやすく自覚的につかみがたいものです。そのため「他律」の状態にある人は、自分の行為を「自分自身で判断して行ったのだ」という厳密な意味での自覚と責任を自らに対して持つことが困難であり、それは行為の善・悪や責任を問うことから逃げることにつながります。人間が感性的な原因だけではなく純粋に理性的な原因から行為することができる自由な存在

であることを証明しなければ、倫理学の問い自体がそもそも成立しえないとカントは考えたのです。ではどのようにしてカントは自由を証明しようとしたのでしょうか。

　例えば、無実の人に罪を着せるために嘘をつくようにあなたが強制され、仕方なく嘘をついたとします。この場合、あなたは他人に強制された、自分を守るため、気が弱いから等々の理由で嘘をついてしまったとしても、嘘をつこうとしているその瞬間に「にもかかわらず嘘はつくべきではない」と思うことができるはずです。その時あなたは様々な感性的な傾向性やその場の状況に反して、端的に「嘘はつくべきではない」と判断しているのです。この「～すべきではない」という判断は義務の意識として迫ってくるもので、この意識を私たちが確かに持っているということ、このことが、人間が自由であるという事実を指し示しているのだ、とカントは考えました。この端的な意識は、個々人の様々な感性的傾向性からは独立しているという点で「純粋」であり、したがってまた「普遍的」でもあり、このような意味で純粋な理性の働きそのものであるとカントは見なしたのです。端的で純粋な「～すべきではない」「～すべきだ」という意識は、人間が感性から独立に各人の理性によって純粋に何を為すべきかを意識することができるということを示している、いわば「理性の事実」ですが、それをカントは「道徳法則」と言いました。この法則を意識できることが絶対的自発性としての自由、自律としての自由です。さて問題は、この法則が一体何を意味しているのか、ということです。

　先ほどの事例では、「嘘をつくべきではない」という例で説明しましたが、カントの道徳法則は実はそのような具体的な行為を直接命じたり／禁じたりするようなものではありません。感性的な傾向性に反して、具体的な場面で端的に「嘘はつくべきではない」と判断できるのはなぜか。それはそもそも人間が、傾向性に従って「自己の幸福をその時々で目指して行為しよう」とするのではなく、理性に従って「常に普遍妥当的な行為をしなければならない」と考えることができるからなのです。そしてこの「行為の普遍妥当性」を自分自身に対して純粋に要求するものが道徳法則なのです。つまり、いかなる時にも自分の行為が純粋に普遍妥当的なのかを自分自身に問うことをまずは道徳法則によって義務づけて、その上で「嘘をつく」「つかない」などの具体的行為を導く、という順番になっているのです。言い換えれば、自分が自分自身に対して純粋に与えた道徳法則が原因となって具体的な行為を行う、ということが自律なのです。このように考えると、他律か自律かという自由の問題は、カントにおいては、「個別の具体的行為」の次元の問題と言うよりむしろ、個々の具体的行為を導く上位の「原理」、つまり「行為の仕方そのもの」を根本的に示す原理の次元の問題であることが分かると思います。そしてこのことは、「自己の快や幸福の実現」のみを目指して行為するか、それとも「普遍妥当性」を目指して行為するか、といういわば生き方の選択の問題でもあるのです。つまり、人間の自由とはどのような生き方を選択するのかという問題でもあるのです。（倉本香）

90

参 考 文 献

1. 望ましい生活習慣を身につけるべきである

● 「健康」幻想とダイエット

ポール・ゴーガティ／イアン・ウィリアムソン／影山みほ訳『トップアスリート　天使と悪魔の心理学』東邦出版、2010年。

セーレン・キェルケゴール／桝田啓三郎訳『死に至る病』ちくま学芸文庫、1996年。

● 善行も訓練次第？――アリストテレス

アリストテレス／高田三郎訳『ニコマコス倫理学（上・下）』岩波文庫、1985年。

山本光雄『アリストテレス――自然学・政治学』岩波新書、1977年。

小熊勢記・川島秀一・深谷昭三編『西洋倫理思想の形成Ｉ』晃洋書房、1985年。

J. O. アームソン／雨宮健訳『アリストテレス倫理学入門』岩波書店、1998年。

2. 目標に向けて努力し続けることはよいことである

● 努力した者は絶望を知る

セーレン・キェルケゴール／桝田啓三郎訳『死に至る病』ちくま学芸文庫、1996年。

● 努力という価値――体育、部活動から考える

冨江英俊「中学校・高等学校の運動部活動における体罰」『埼玉大学紀要（人間学部編）』(8)、2008年、221-227頁。

高橋豪仁・久米田恵「学校運動部活動における体罰に関する調査研究」『教育実践総合センター研究紀要』(17)、2008年、161-170頁。

3. 人は互いに気遣う／助け合うべきである

● 子どもとともに

フリードリッヒ・ニーチェ／池尾健一訳『人間的、あまりに人間的な（Ｉ）』〈ニーチェ全集5〉ちくま学芸文庫、1994年。

――／信太正三訳『善悪の彼岸』〈ニーチェ全集11〉ちくま学芸文庫、1993年。

――／原佑・吉沢伝三郎訳『生成の無垢（上）』〈ニーチェ全集別巻3〉ちくま学芸文庫、1994年。

● マイノリティとマジョリティ

日本精神神経学会・精神科病名検討連絡会「DSM-5病名・用語翻訳ガイドライン（初版）」日本精神神経学会『精神神経学雑誌』第116巻第6号、2014年所収、429-457頁。

「性同一性障害者の性別の取扱いの特例に関する法律」（平成15年7月16日法律第111号、最終改正平成23年5月25日法律第53号）。

日本精神神経学会・性同一性障害に関する委員会「性同一性障害に関する診断と治療のガイドライン（第4版）」日本精神神経学会『精神神経学雑誌』第114巻第11号、2012年所収、1250-1266頁。

● 決意と責任――ハイデガー

マルティン・ハイデガー／細谷貞雄訳『存在と時間（上・下）』ちくま学芸文庫、1994年。

渡邊二郎編『ハイデガー「存在と時間」入門』講談社、2011年。

小熊勢記・川島秀一・深谷昭三編『西洋倫理思想の形成II』晃洋書房、1985年。

竹田青嗣『ハイデガー入門』講談社選書メチエ60、1995年

4. コミュニケーションをとることはよいことである

● 友だち地獄

土井隆義『友だち地獄』ちくま新書、2008年。

宮台真司・香山リカ『少年たちはなぜ人を殺すのか』ちくま文庫、2008年。

香山リカ『知らずに他人を傷つける人たち　モラル・ハラスメントという「おとなのいじめ」』ワニ文庫、ベストセラーズ、2014年。

● 不可能な愛──マルグリット・デュラス(引用はすべて既訳を参考にした拙訳である)

マルグリット・デュラス／小林康夫・吉田加南子訳『死の病い・アガタ』〈ポストモダン叢書〉朝日出版社、1984年。

──／清水徹訳『愛人(ラマン)』河出文庫、1985年。

──／田中倫郎訳『愛と死、そして生活』河出書房新社、1987年。

マルグリット・デュラス／グザビエル・ゴーチェ／田中倫朗訳『語る女たち』河出書房新社、1975年。

クリスティアーヌ・ブロ=ラバレール編／谷口正子訳『マルグリット・デュラス』国文社、1996年。

『二十四時間の情事(ヒロシマモナムール)』原作・脚本マルグリット・デュラス、監督アラン・レネ、1959年。

『ナタリー・グランジェ』原作・脚本・監督マルグリット・デュラス、1972年。

● 私にとって一番確実なものは?──デカルト

ルネ・デカルト／谷川多佳子訳『方法序説』岩波文庫、1992年。

──／山田弘明訳『省察』ちくま学芸文庫、2006年。

野田又夫『デカルト』岩波新書、1966年。

所雄章『デカルト1・2』勁草書房、1996年。

5. 人と信頼関係を築くことはよいことである

● ドメスティックバイオレンス

日本ＤＶ防止・情報センター編『ドメスティック・バイオレンスへの視点』朱鷺書房、2005年。

● 信頼から共存へ──ルソー

ジャン・ジャック・ルソー／本田喜代治訳『人間不平等起源論』岩波書店、1992年。

──／作田啓一訳『社会契約論』白水社、2010年。

川島秀一編著『近代倫理思想の世界』晃洋書房、1998年。

吉永和加『感情から他者へ』萌書房、2004年。

仲正昌樹『今こそルソーを読み直す』〈生活人新書〉NHK出版、2012年。

● 他者の言葉──ジャック・デリダ(引用はすべて既訳を参考にした拙訳である)

ジャック・デリダ／守中高明訳『たった一つの、私のものではない言葉──他者の単一言語使用』岩波書店、2001年。

──／廣瀬浩司・林好雄訳『死を与える』ちくま学芸文庫、2004年。

高橋哲哉『デリダ──脱構築』講談社、2003年。

6. 社会の一員としての責任を果たすべきである

● 誰のための善?──プラトン

プラトン／藤沢令夫訳『国家(上・下)』岩波文庫、1979年。

藤沢令夫『プラトンの哲学』岩波新書、1998年。

小熊勢記・川島秀一・深谷昭三編『西洋倫理思想の形成Ⅰ』晃洋書房、1985年。

宇都宮芳明・熊野純彦編『倫理学を学ぶ人のために』世界思想社、1994年。

内山勝利『プラトン『国家』──逆説のユートピア』〈書物の誕生　あたらしい古典入門〉岩波書店、2013年。

●社会の幸福か、個人の幸福か？──功利主義

　ジェレミー・ベンサム／「道徳および立法の諸原理序説」関嘉彦責任編集『世界の名著49　ベンサム
　　　　J. S. ミル』中央公論社、1979年所収、69-210頁。

　ジョン・スチュアート・ミル「功利主義論」関嘉彦責任編集『世界の名著49　ベンサム　J. S. ミル』
　　　　中央公論社、1979年所収、459-528頁。

　児玉聡『功利主義入門──はじめての倫理学』ちくま新書、2012年。

●『おそれとおののき』から考える"個人と社会"──キェルケゴール

　セーレン・キェルケゴール／桝田啓三郎訳『誘惑者の日記』『おそれとおののき』『反復』『死にいたる
　　　　病』（『キルケゴール　ちくま世界文学大系27』）筑摩書房、1961年。

　高橋哲哉『デリダ：脱構築』講談社、2003年。（第5章1「アブラハムと責任のパラドクス」）

●真の平等とは？──ロールズ

　ジョン・ロールズ／川本隆史・福間聡・神島裕子訳『正義論〔改訂版〕』紀伊國屋書店、2010年。

　渡部幹雄『ロールズ正義論の行方』春秋社、1998年。

　川本隆史『ロールズ──正義の原理』〈現代思想の冒険者たち〉2005年、講談社。

7・8. 主体的に生きるのはよいことである①②

●自由は不自由？──サルトル

　ジャン・ポール・サルトル／伊吹武彦訳『実存主義とは何か』人文書院、1996年。

　──／松浪信三郎訳『存在と無 I-III』ちくま学芸文庫、2007-2008年。

　松浪信三郎『サルトル』勁草書房、1994年。

　鷲田清一責任編集『哲学の歴史　第12巻　実存・構造・他者』中央公論新社、2008年。

　水野浩二『サルトルの倫理思想──本来的人間から全体的人間へ』法政大学出版局、2004年。

●主体をめぐって──実存主義、構造主義、ポスト構造主義

　セーレン・キェルケゴール／桝田啓三郎訳『死にいたる病』ちくま学芸文庫、1996年。

　マルティン・ハイデッガー／渡邊二郎訳『「ヒューマニズム」について』ちくま学芸文庫、1997年。

　ジャック・デリダ／高橋允昭訳『ポジシオン』青土社、2000年。

　ジャン・ピアジェ／滝沢武久・佐々木明訳『構造主義』〈文庫クセジュ〉白水社、1970年。

　ジョン・レヒテ／山口泰司・大崎博監訳『現代思想の50人──構造主義からポストモダンまで』青
　　　　土社、1999年。

　キャサリン・ベルジー／折島正司訳『ポスト構造主義（〈一冊でわかる〉シリーズ）』岩波書店、2003
　　　　年。

●主体性のかげりと本当の自分──シモーヌ・ヴェイユ

　〈シモーヌ・ヴェイユ選集〉みすず書房、2013年。

　富原真弓『ヴェーユ』清水書院、1992年年。

　田辺保訳『重力と恩寵──シモーヌ・ヴェイユ「カイエ抄」』ちくま学芸文庫、1995年。

●自由と責任の問題──「責任を引き受ける」とはどういうことか

　ハンナ・アーレント／大久保和郎訳『イェルサレムのアイヒマン──悪の陳腐さについての報告』み
　　　　すず書房、1969年。

　スタンレー・ミルグラム／岸田秀訳『服従の心理』河出書房新社、1995年。

　小坂井敏晶『責任という虚構』東京大学出版会、2008年。

●人間はどのような意味で自由と言えるのか──カント

　エマニュエル・カント／篠田英雄訳『啓蒙とは何か　他四篇』岩波文庫、1974年。

　──／篠田英雄訳『道徳形而上学原論』岩波文庫、1976年。

　──／波多野精一・宮本和吉・篠田英雄訳『実践理性批判』岩波文庫、1979年。

　石川文康『カント入門』ちくま新書、1995年。

竹田青嗣『完全解読　カント「実践理性批判」』講談社、2010年。

中島義道『カントの人間学』講談社現代新書、1997年。

中山元『自由の哲学者カント　カント哲学入門「連続講義」』光文社、2013年。

おわりに——皆さんに伝えたかったこと

　皆さん、この「倫理のノート」を使ってみて、どんなことを感じられましたか。普段こんなことまで考えていなかったとか、こんな考え方があるのかとか、意外に思われたり、改めて自分はどうだろう、とお考えになったら、それは素晴らしいことで、私たちが願っていたことでもあります。

　「自分で考えることの大切さ」は、自分で考えたことのない人には決して分からないものです。それは決して楽なことではありません。しかし、自分で考えることの大切さを知った人は、世の中に初めから正解はないこと、それを自分なりに考えて作り出していくこと、その過程で、人々と話し合って協力したり理解したりすることの大切さを感じていくことでしょう。そしてその結果、自分の考えがより明確になり、自分では正しいと思ってきたことも、他の人の視点からはまた別の評価があることに気づくでしょう。私たちがお互いを、他の人々を、かけがえのないもう一人の人格として理解できるのは、そのことを通して可能になります。

　教育とは、広い意味で、皆さん一人ひとりが社会を支える成熟した市民となることを目指すものですが、西洋の近代において民主主義が形成されたのは、一人ひとりの個人の良心や思想が、かけがえのないものであり、それを権力ある者が、無理やり一つにしたり、異なる意見を圧殺したりしてはならない、という考え方に基づくものです。しかしそれには、一人ひとりが自らの良心を重んじ、自分に嘘をつかず、どんなに貧しくても自分の経験や自分が真実と思ったことから考え抜いていくしかありません。私たちの国は、そうした伝統には乏しく、どちらかと言えば、自分で考える人間を作らない方向に向いてきたのではないかと思わされるのです。このテキストは、大学で倫理学や道徳教育に携わる私たちから、皆さんへのメッセージです。これを受け止めて、自分にとってこれは本当に正しいか、考えてみる素材にしてみてください。それは、皆さんたちだけでなく、皆さんと関わる人々、また次の世代の生き方にも関わっていくものだからです。

　もう一つ、私たちがこのテキストを作ろうと思ったきっかけは、倉本・沼田・上田・森田の4名が「共に生きる倫理」研究会を立ち上げたことでした。最初、私たちは、女性の研究者によって、女性の立場から、現代社会における倫理を考えようと思いました。その中で、性に関わる倫理、社会の中での一見特異と思われる女性たちの行動の本質や社会的マイノリティの人々の論理など、自由な視点から考察と議論を深めていきました。その過程で志を共にする蓮尾・岡村・阪本らも加わりました。そこで、私たちの行動の原点に、学校教育における道徳教育による価値判断があり、それと社会の乖離があることを認め、私たちの生きている現実に本当に力ある倫理はどんなものか、そこに行くために、本当に自分の持つ道徳意識や倫理観について徹底的に考えるにはどうすればいいか、ということで、ワークシート形

式での文章や、それでは尽くせない内容を「コラム」という形で資料や話題の提供をすることにしました。

　これは皆さんに「正解」を提示するものではありません。私たちは「共に生きる」ために、「共に考え、共に生きる」同志です。このテキストを出発点に、皆さんが「考える」「よく生きる」「共に生きる」ことの意味を考え、よりよい人生へと旅立てくださったら、私たちは幸いです。

　私たちは、共に、限られた時間、この地上でよりよく生きることを求めています。この厳粛な事実に、皆さんはどうお答えになりますか。私たちはそんな大きな「考えること」の世界の入り口に立ったばかりです。これから、どんな風に考え、どんな風に生きるか、私たちも共に考えていきたいと思います。この思いを、皆さんにお届けできることを、心から幸せに思います。

　最後に、お世話になった、萌書房の白石徳浩さまに、特別の感謝を捧げます。

　2014年初夏

執筆者を代表して　森田 美芽

執筆者紹介

倉 本　香（くらもと　かおり）

1964年生まれ。同志社大学大学院文学研究科哲学及び哲学史専攻博士課程（後期課程）修了。博士（哲学）。現在、大阪教育大学教授。カント倫理学の研究、とりわけ人間の自由と二重性に関して考察しています。[**主要業績**]『道徳性の逆説——カントにおける最高善の可能性——』（単著：晃洋書房、2004年）、「カント宗教論における根本悪と自由について」（『大阪教育大学紀要第Ⅰ部門　人文科学』第61巻第Ⅰ号、2012年）、ギュンター・ベルトナー『医療倫理学の基礎』（共訳：時空出版、2011年）。

沼 田 千恵（ぬまた　ちえ）

1963年生まれ。同志社大学大学院文学研究科哲学及び哲学史専攻博士課程（後期課程）満期退学。現在、同志社大学嘱託講師。サルトルの哲学および倫理思想、ボーヴォワールの女性論を研究しています。近年は集団論やテロルの問題、さらには女性論の視点からみた他者論の解明を中心に研究を行っています。[**主要業績**]「神話と抑圧——ボーヴォワールとファイアストーンの女性論の視点から」（『ヒューマンセキュリティ・サイエンス』第7号、ヒューマンセキュリティ・サイエンス学会、2012年）、「サルトルにおける投企と惰性態」（『同志社哲学年報　特別号［S.P.D. 同志社哲学会]、2011年）、シルヴィ・クルティーヌ＝ドゥナミ『暗い時代の三人の女性——エディット・シュタイン、ハンナ・アーレント、シモーヌ・ヴェイユ——』（共訳：晃洋書房、2010年）。

上 田 章子（うえだ　あきこ）

1968年生まれ。関西学院大学文学部哲学科卒業。パリ第1大学哲学史科D.E.A.修了。パリ第8大学女性学科博士課程修了。女性学博士（フランス文学専攻）。現在、四天王寺国際仏教大学非常勤講師。キェルケゴールについて学んだ後、マルグリット・デュラス論で博士課程を修了。性的差異、ジャンルの問題に関する研究を続けています。[**主要業績**]*Relectures du Ravissement de Lol V. Stein de Marguerite Duras — Autour de la différence sexuelle*（『マルグリット・デュラス『ロル・V・シュタインの歓喜』再読——性差について——』）（単著：L' Harmattan, Paris）、*Orient(s) de Marguerite Duras*（『マルグリット・デュラスの東洋』）（共著：Rodopi, Amsterdam/NewYork）、"«Kierkegaard Auteur religieux» de Nelly Viallaneix"（「ネリー・ヴィアラネ著「キルケゴール宗教的作家」」）（翻訳：『関西学院大学哲学研究年報』第31・32合併号）。

岡 村 優生（おかむら　ひろと）

1982年生まれ。現在、大阪府立大学人間社会学研究科人間科学専攻博士後期課程在籍中。主に、性同一性障害について倫理学的に考察する研究をしています。[**主要業績**]「性同一性障害当事者の考え方についての理論的考察」（『人間社会学研究集録』(7)、2012年）、「教職の専門性と倫理学」（『大阪教育大学紀要 第Ⅳ部門 教育科学』61 (2)、共著、2013年）。

蓮尾 浩之（はすお　ひろゆき）

1984年生まれ。現在、大阪府立大学人間社会学研究科人間科学専攻博士後期課程在籍中。日本学術振興会特別研究員。カントを学びながら、「反省」をキーワードにして倫理学的な問題を教育実践のうちに位置づける研究に取り組んでいます。[**主要業績**]「イマヌエル・カント「小さきもの」の定言命法」（大澤真幸編『3.11後の思想家25』左右社、2012年）、「道徳的主体に内在する「他者性」に関する一考察　カント道徳哲学における「転回」の意義」（『現代生命哲学研究』(2)、2013年）、「教職の専門性と倫理学」（『大阪教育大学紀要 第Ⅳ部門 教育科学』61 (2)、共著、2013年）。

阪本 恭子（さかもと　きょうこ）

1967年生まれ。大阪大学大学院文学研究科博士課程修了。博士（文学）。現在、大阪薬科大学環境医療学グループ准教授。ニーチェの子ども論を中心に哲学を学んだ後、ドイツに留学。以後、「最も小さきもの」としての子どもを手がかりに臨床倫理・生命倫理の研究を始め、現在に至っています。[**主要業績**]『はじめて学ぶ西洋思想』（共著：ミネルヴァ書房、2005年）、『生命倫理と医療倫理』（共著：金芳堂、2008年）、『世界の出産』（共著：勉誠出版、2011年）。

森田 美芽（もりた　みめ〔本名：池田美芽〕）

1958年生まれ。大阪大学大学院文学研究科博士後期課程中退。博士（文学）。現在、大阪キリスト教短期大学学長・教授。キェルケゴールの宗教論から女性学的考察、さらに宗教と女性、芸能と女性など、女性を中心とした視点で倫理と宗教を考えています。[**主要業績**]『キェルケゴールの女性論』（単著：創言社、2010年）、"Kierkegaard and Japanese Thoughts"（共著：Palgrave Macmillan, 2008）、『ポストモダン時代の倫理』（共著：ナカニシヤ出版、2007年）。

倫理のノート

2015年1月20日　初版第1刷発行

著　者　　倉本　香・沼田千恵・上田章子・岡村優生
　　　　　蓮尾浩之・阪本恭子・森田美芽

発行者　　白 石 徳 浩

発行所　　有限会社 萌 書 房
　　　　　〒630-1242　奈良市大柳生町3619-1
　　　　　TEL (0742) 93-2234 / FAX 93-2235
　　　　　[URL] http://www3.kcn.ne.jp/~kizasu-s
　　　　　振替　00940-7-53629

印刷・製本　　共同印刷工業

© Kaori KURAMOTO(代表), 2015　　　　　　　　Printed in Japan

ISBN978-4-86065-089-6